Σ BEST シグマベスト

おやこで
いっしょに

きくきく
ドリル

STEP **3**

入学準備編
［発展］

和田秀樹
監修

村上裕成
著

解説・解答集
おうちの方用

この本は、おうちの方用の［解説・解答集］です。
おうちの方は［解説・解答集］を、
お子様は［ききとりノート］を使って、
問題を進めてください。

お子様用の
［ききとりノート］
は
別冊に
なっています。

文英堂

はじめに

子どもと大人の違い

　私がアメリカに留学して、1つ痛感したことがあります。

　それは、子どもと大人では、英語を習得する方法が全く違うということでした。

　私のほうは膨大な量の宿題を読まされ、くそ真面目な性格のためにわからない単語や熟語があると必ず辞書をひいたものですから、かなり英語のボキャブラリー（語彙力）も増え、読み書きにはそれなりの自信をもてるようになりました。しかし、相変わらず人が話すことばはさっぱり聞き取れないのです。

　例えば、レストランで「スーパーサド」と聞かれます。これは、"soup or salad？"（スープとサラダのどちらにしますか？）ということなのですが、子音や母音の発音もアクセントも、イントネーションも、私たちが文を読む時のものと全く違って聞こえると、何を言っているのか想像がつかないのです。これをもっと早口でやられるとお手上げになってしまうのです。

　ところが、まだ3才の、アメリカにきて2、3カ月しか経っていない娘の友達が、"What are you doing？"と話すのを聞いてびっくりしました。疑問詞で始まり、現在進行形を使うこのことばは、中学校でも後半以降に学ぶものなのに、それを耳で聞いて、英語の発音、イントネーションで文章をまるごと覚えてしまうのです。これは心理学用語でいう「意味記憶」というもので、幼児から小学校低学年までの子どもの時期にとくに優れているとされる、ことばや数字を理解なしにまるごと記憶することです。小さな子どもは単語レベルでしかことばを覚えられないと思っていた私には衝撃でした。

日本語について

　これは英語に限ったことではないでしょう。いろいろなことを正しい日本語で聞いていれば、ボキャブラリーも当然増えるでしょうし、それだけ上手に日本語が使えるようになります。数だって最初は耳から入っても理解できるのです。字を覚えるのを待っていたら、それだけ身につくのが遅れてしまうのです。私の娘にしても、アメリカにいる際に英語への適応は悪かったのですが、日本語だけはしっかり身につけさせたいと、可能な限り読み聞かせをしました。そのことが、その後の小学校や中学校の受験も含めて、その発達に役立ったと自負しています。よい日本語をたくさん聞いて覚えていると、それだけよい日本語が使える。これは、子どもがまだ3才でも、そしてアメリカにいてもできることだったのです。

　音を使った本格的な知能開発のドリルに私が期待しているのは、それだけ自分の体験にかなっているからですし、とくに小さな子どもこそそれが大切なのです。

ことばの能力を高めるために

　聞く力は、読む力、話す力、そして最終的に書く力につながります。また聞く力が高まると理解力もつくので、その後、ほかの科目もできる確率が高くなるのです。本書が、子どもたちの学力の重要な基礎である「ことばの能力」を高め、学力を高めるための第一歩になればと期待しています。

和田秀樹

「聞く力」を育てるために

小さい頃からの準備が大切

　能力を大きく伸ばすためには、幼児〜児童期に基礎となる能力を身につけておくことが重要だといわれています。必要とする能力を必要な年齢になってから育てていたのでは間に合わないからです。子どもは今までに獲得した能力を基にして、次に必要とされる能力につないでいきます。

　例えば、2才で物をしっかりつかむ力、思ったところに物を置く力を獲得した子は、3才・4才におけるつみき遊びにおいて、大きな立体感のある作品を作ることができます。これは、将来、立体図形や位置空間、またグラフ問題などを理解する力の基になります。

　これから先、話や説明をしっかり聞けるようになるためには、小さい頃からの準備が大切なのです。

「今の子は話が聞けない」のはどうして？

　今、学校や社会でよく言われていることの1つに「今の子は話が聞けない」というのがあります。これは話を聞く練習をしてこなかった結果だと考えてもよいでしょう。おそらく、「聞くことに練習が必要だとは思わなかった」という人の方が多いと思います。しかし、わかりやすく話をするためには練習が必要なように、聞くことも練習することによってずいぶんと差が出るものなのです。

　ただ、話を聞くだけなら大抵の人にとって、難しいことではありません。しかし、同じように話を聞いていても、次のような2通りのタイプに大別できるのです。

　1 その聞いた話の内容まできちんと聞いている人
　2 音声だけを聞いている人

　音声だけを聞いている人は、内容について質問をしてもほとんど答えることができません。よく言われるように、話（音声）が右から左へと抜けてしまっているのです。

　「聞く練習」を重ねることによって、集中力がつき、聞いた話の内容まできちんと把握できるようになります。また、話の内容まで聞けるようになると、指示されたことに対して素早く反応できるようになるのです。

「聞く練習」の効果

　私が、子どもたちに教えている時も、たった今言ったことを忘れてしまう生徒が1人や2人ではありませんでした。指示したことができないのではなく、指示そのものを忘れてしまっているのです。

　ところが、授業に「聞く練習」を採り入れていたところ、半年もたたないうちに成果が表れてきました。指示されたことに対して行動が素早くなり、質の高い授業ができるようになりました。また、何度も説明する必要がなくなり、授業のスピードも速くなりました。子どもたち自身も、授業が楽に受けられるようになったようです。

子どもたちの「聞く力」を向上させるために

この本は、おもに6才のお子さんからでも使えるように、次のことに注意しました。

① 「おもに6才から」とするものの、「聞き取る力」には個人差があるので内容に幅を持たせる。
② 楽しみながら聞く練習ができるようにする。
③ 聞くと同時に書く力も育つようにする。
④ 知識・常識・マナーなども学べるようにする。

成績をグングン伸ばしていくために

英語を聞く力についてはよく問題とされています。しかし、日本語と言えども、「聞く練習」をして「聞く力」を身につけることは非常に大切なことです。小学校高学年、あるいは中学生や高校生になってから、成績がグングン伸びていくお子さんが身につけているもの。それは、「聞く」「書く」「話す」「まとめる」という4つの能力です。

必要とする能力を必要な年齢になってから育てていたのでは間に合いません。そのため、この本には、内容的に少し難しいものも含まれています。しかし、「聞く力」には個人差があります。難しくてお子さんが興味が持てないのであれば、やさしいものから始めて、楽しんで学ぶことも大切です。この『きくきくドリル』を大いに活用されることで、子どもたちの［学習をするための技術］が大きく育つことを願っています。

最後に、この教材を開発するにあたりご協力くださった酒井友里さん、そしてご監修くださった和田秀樹先生に感謝の意を表します。

北山学園代表　村上裕成

この本の使用法

勉強の進め方

まず、これだけは守るようにしてください。1回にするのは各単元の1〜2ページ分で、合計3単元以内です。やさしいからといって、1回に5ページ、6ページと進めないようにしてください。内容が難しくなった時（例えば「6　君がFAXになろう」）、一度に5ページ進むのは大変です。ムラのない学習こそが継続する力を育てます。

「1回に5分や10分の勉強で大丈夫なの？」と心配されるかもしれませんが、それはニュートン時間で計った10分だから少なく感じるのです。ニュートン時間ではだれが計っても1分は60秒で、10分は600秒です。しかし、大人と子どもとでは時間の感覚が違っています。

お子さんがどれくらいの感覚で時間を感じているか、大まかに比べる方法があります。それは、大人の年齢をお子さんの年齢で割ってみるのです。

例えば、お子さんの年齢を6才、お母さんの年齢を30才としましょう。

お母さんの年齢÷お子さんの年齢＝30÷6＝5

となり、同じ時間でもお子さんはお母さんの5倍の長さに感じているのです。ですから、お母さんからすると10分でも、お子さんはずいぶん長い間勉強していると感じている訳です。お子さんの時間の感覚は大人と違う、ということを理解してあげてください。

そして、毎回、学習が終わるごとに「しっかり聞いていたね。今日もよく頑張ったね」と褒めてあげてください。

使用するもの

Bまたは2Bの鉛筆、そして、赤・青・黄・緑の色鉛筆またはクーピーペンシルを用意してください。この年齢のお子さんは手が小さいので、新品の鉛筆よりも8〜11cmくらいの長さのものが使いやすいようです。

音声について

問題番号の横に掲載されたQRコードをお手持ちのスマートフォンやタブレットで読みとり、表示されるURLにアクセスするだけで、その問題の音声を聞くことができます。

また、音声再生用無料アプリ「SigmaPlayer2」をインストールすると、音声を一括ダウンロードできます。音声は「はやい」「ふつう」「ゆっくり」の3段階の速度で再生可能です。

●音声およびアプリは無料でご利用いただけますが、通信料はお客様のご負担となります。●すべての機器での動作を保証するものではありません。
●やむを得ずサービス内容に変更が生じる場合があります。●QRコードは㈱デンソーウェーブの登録商標です。

5

解答時間について

　すぐに作業を行う問題では、音声の中に答えを書き込むための標準的な解答時間を取っています。しかし、文字を記入する問題などでは、文字を書く時間はお子さんによって異なります。お子さんの様子を見ながら、一時停止をしてください。

採点について

　お子さんが自分で解答を記入した場合、内容を判別して採点するようにしてください。

> （例）　正解が「ひょうたん」である場合、答えを以下のように書いていれば正解としてよいでしょう。
> **ひょおたん　ひょたん　ひょーたん**
> **ヒョうたん　ひようたん　ひゅうたん**
> 　　　　　　　　　　　　　　　　　　など

　このドリルは聞こえてくる内容が聞き取れたかどうかを確認することが目的です。多少の誤字脱字は正解として取り扱ってください。

　また、答え合わせは1回分の問題がすべて終わってから、まとめてするようにしてください。

解答について

　ここには一般的な解答を載せました。採点する時は、地域やお住まいの状況なども考慮して採点してください。例えば、北海道で育ってこられたお子さんと、沖縄で育ってこられたお子さんとを比べると、「冬」や「雪」に対する感じ方が異なると思います。

　あまり模範解答にこだわらないようにしてください。

もくじ

1 お話のどこがへん

問題の進め方

お話を聞いて、そのお話の中のへんな部分を指摘し、正しくなるように直してください。

一応、解答は記しますが、これのみが正解というわけではありません。各家庭の様子やお住まいの地域の実情に合っていれば、どの部分を直しても何カ所直してもかまいません。「別解」には、普通は言わないようなものもありますが、へんな部分を直すという意味では正解です。お子さんが別解のように答えた時は、正解としてあげてください。そして、一般的な解答も一緒に教えてあげてください。

①ドリルはおうちの方が持ちます。お子さんが口頭で答えを言い、それをチェックしてください。

②お子さんが答える時間が足りない時は、音声を一時停止にしてください。

指導のポイント

お話を聞いてつじつまの合わない部分が直せないお子さんには、以下の3つの場合があるようです。

① 話題について経験が不足しているため、自分の知識と聞いた話が比較できず、つじつまの合わない部分の判断ができない。

この場合、**直接体験を増やすこと**を心がけます。正解はすぐに教えなくてもよいでしょう。聞いたお話をすぐに頭の中にイメージするためには、直接体験が欠かせません。お子さんにとって、「聞いたことがある」というだけのことばと、「体験したり、自分で使ったりしたことがある」ということばとでは、理解に差が出るのは当然です。**お話をよく理解するには、ことばを知識として知っているだけでなく、生活の中で身近に使う環境にあることが大切です。**

② 話を聞きもらしている。聞くことに集中できなかった。

周囲の音の影響を受けにくい時間帯や部屋で、聞き取り練習をしてください。周りが騒がしいからといって、音声のボリュームを大きくする方法はお薦めできません。

③ 話の内容のおかしな部分は指摘できるが、どのように直せばよいのか、表現の部分でつまづいている。

この場合は、**おうちの方が模範解答を説明し、すぐにお子さんに復唱させてください。**できれば、翌日もう1度聞き取り練習をするとよいと思います。

3-01

① お風呂のお湯がぬるくなってきたので、急いで水をいっぱい入れたら、今度は熱くなりすぎた。

水 ➡ お湯 （別解 ぬるく ➡ 熱く　熱く ➡ ぬるく）

② 服にボタンをつける時は、針とのりを使ってぬいつけます。

のり ➡ 糸

③ 夏休みに、お兄さんと公園にセミ取りに行ったら、ひまわりの花が、白くきれいに咲いていた。

白く ➡ 黄色く （別解 ひまわり ➡ ユリ＜カスミソウなど＞）

④ 昨日で3月が終わったので、カレンダーをめくって2月のカレンダーに替えて、壁に掛けた。

2月 ➡ 4月 （別解 3月 ➡ 1月）

⑤ 年寄りの大工さんが、大きな金づちで太い木を半分に切っていた。

金づち ➡ のこぎり

（別解 木を半分に切っていた ➡ 木にくぎを打っていた）

⑥ 先週の日曜日に、大好きなキリンを見に、おじさんに水族館に連れていってもらった。

水族館 ➡ 動物園 （別解 キリン ➡ 魚＜イルカなど＞）

⑦ 春になり暖かくなってくると、海ではメダカやオタマジャクシが泳ぎ始めます。

海 ➡ 川（池など）

⑧ 私はお父さんとたこあげをしようと思い、2人で羽子板を持って広場へ出かけた。

羽子板 ➡ たこ （別解 たこあげ ➡ 羽根つき）

⑨ テレビの音がよく聞こえないので、テレビのボリュームを小さくしたら、よく聞こえるようになった。

小さく ➡ 大きく

⑩ 小学生のまさる君は、お母さんにタマネギを買ってきてと頼まれたので、自動車を運転して買いに行った。

自動車を運転して ➡ 自転車をこいで （別解 小学生 ➡ 大学生）

1 お話のどこがへん

⑪ 真っ白な消防自動車から、おまわりさんたちが降りてきて、火事を消し始めた。

真っ白な ➡ 真っ赤な　おまわりさん ➡ 消防士さん

⑫ エスカレーターや電車に乗る時は、降りる人がみんな降りてから、待っていた人が乗ります。

エスカレーター ➡ エレベーター

⑬ 夏が終わり、冬になって涼しくなってきたので、家族で近くの山まで栗拾いに行った。

冬 ➡ 秋

⑭ 大根やにんじんを切る時に、必ず使うものといえば、まな板とハサミです。

ハサミ ➡ 包丁

⑮ クリスマスも終わり、もうすぐこどもの日なので、お母さんと一緒に、羽子板や鏡餅を部屋に飾りました。

こどもの日 ➡ お正月

⑯ お正月を代表する遊びとして、羽根つきやカルタ取り、こま回しや虫取りなどがあります。

虫取り ➡ たこあげ（すごろく・ふくわらいなど）

⑰ 夕方散歩をしていると、隣のおじさんに会ったので、「おはようございます」と挨拶をした。

おはようございます ➡ こんばんは（こんにちは）　（別解 夕方 ➡ 朝）

⑱ 牧場ではたくさんの牛が自由に歩き回り、水を飲んだりお肉を食べたりしていた。

お肉 ➡ 草

⑲ 5時間目は体育です。パジャマに着替えたらすぐに運動場に集まってください。

パジャマ ➡ 体操服

⑳ 大人の人がバスや電車に乗る時は、子ども用の切符を買わなければいけません。

子ども用 ➡ 大人用 （別解 大人の人 ➡ 子ども）

㉑ シンデレラのお話に出てくるものに、ネズミの御者、ガラスの靴、スイカの馬車
などがあります。

スイカの馬車 ➡ カボチャの馬車

㉒ 夏も終わりになると、草むらではスズムシやてんとう虫が鳴き出します。

てんとう虫 ➡ コオロギ（マツムシ など）

㉓ 電池を買いに電気屋さんに行ったら、お店の人に「200円です」と言われたので、
120円払いました。

120円 ➡ 200円 （別解 200円 ➡ 120円）

㉔ 学校で熱を出したゆきちゃんを迎えに行くため、お母さんはバスに乗り、運転手
さんに「小学校まで行ってください」と言いました。

バス ➡ タクシー

㉕ お父さんは大好きなコーヒーを飲もうと思い、お気に入りのお皿に紅茶を入れ、
ゆっくりお湯を注ぎました。

お皿 ➡ カップ　紅茶 ➡ コーヒー （別解 コーヒー ➡ 紅茶）

㉖ 今朝、としお君が三輪車に乗ってみると、ブレーキが壊れていたので、すぐに自
転車屋さんまで持っていった。

三輪車 ➡ 自転車

㉗ お母さんと一緒にデパートに行ったゆりちゃんは、6階に行くためエレベーター
に乗り、7のボタンを押した。

7のボタン ➡ 6のボタン （別解 6階 ➡ 7階）

㉘ 今夜は十五夜です。すすきを飾り、かしわ餅をお供えしていると、きれいな三日
月が空に上がってきました。

かしわ餅 ➡ 月見だんご　三日月 ➡ 満月

㉙ おじさんは昨日からアメリカに行くので、タオルや着替えなどの荷物をスーツケ
ースに詰めて準備をしています。

昨日 ➡ 明日（来週 など）

㉚ まきちゃんはいつも妹と一緒に学校に行きます。今日もいつものように朝8時に
起き、妹と2人で7時に家を出ました。

朝8時 ➡ 朝7時　7時に ➡ 8時に （別解 朝8時 ➡ 朝6時）

2 お話のどこがちがう

問題の進め方

⑦・⑦の2つのお話を聞き比べ、違うところを探します。⑦・⑦のどちらのことばを先に言ってもかまいません。違うところは1つとはかぎりません。違うところがなければ、「あっている」と答えます。

字のスラスラ書けるお子さんは、自分で答えを書いてもかまいません。

①ドリルはおうちの方が持ちます。お子さんが口頭で答えを言い、それをチェックしてください。

②お子さんが答える時間が足りない時は、音声を一時停止にしてください。

指導のポイント

2つのお話の相違点が聞き分けられない時は、最初の⑦のお話を2～3回繰り返し聞いてから（おうちの方が読んでもかまいません）、もう1つの⑦のお話を聞き比べるようにしてください。

お子さんが相違点を見つけられないからといって、**答えを誘導するようなヒントは出さない**ようにします。ヒントとは、「どんな大きさなのかよく聞きなさい」とか「どんなふうに歩いているのかよく聞くんですよ」というような注意を与えることです。この方法をいつもとっていると、すぐヒントに頼るくせがついてしまいます。注意深く、集中してお話が聞けるようになるために、**自分の力だけで聞く**習慣をつけましょう。

採点について

採点は減点法で行います。満点は**48点**です。

① 違う部分が見つけられなかった場合は、1カ所につき**2点の減点**です。

② 直す必要のないところを直した時も、**2点減点**します。

③ 違う部分の片方しか見つけられなかった時は、**1点減点**します。

減点の目安を下に示します。

例文	⑦ わたしはリンゴが好きです。
	⑦ わたしはミカンが好きです。

採点例

① 「あっている」と言う ……2点減点

② 好きです→嫌いです わたし→? ……2点減点

③ リンゴ→? ?→ミカン リンゴ→バナナ ……1点減点

12

1

問題文

① ㋐ 畑に、ピンクのれんげが、いっぱい咲いていました。私は、(お姉さん)と一緒に、首飾りを作りました。

　 ㋑ 畑に、ピンクのれんげが、いっぱい咲いていました。私は、(お母さん)と一緒に、首飾りを作りました。

② ㋐ ラッコは流されないように海草を体に巻きつけ、あおむけになって浮かんで寝ます。

　 ㋑ ラッコは流されないように海草を体に巻きつけ、あおむけになって浮かんで寝ます。

③ ㋐ お母さんに(マフラー)を編んでもらいました。色は私の大好きな緑色です。

　 ㋑ お母さんに(手袋)を編んでもらいました。色は私の大好きな緑色です。

④ ㋐ かおりさんは(公園)から、走って帰りました。家に着くと、すぐに(お茶)を2杯飲みました。

　 ㋑ かおりさんは(広場)から、走って帰りました。家に着くと、すぐに(お水)を2杯飲みました。

⑤ ㋐ お父さんが、会社から自転車で帰ってきました。(お姉さん)が玄関まで、走って迎えにいきました。

　 ㋑ お父さんが、会社から自転車で帰ってきました。(お兄さん)が玄関まで、走って迎えにいきました。

⑥ ㋐ (お父さん)が庭に水をまきました。(犬)は水たまりの周りで、うれしそうに(遊んで)いました。

　 ㋑ (おじいさん)が庭に水をまきました。(子犬)は水たまりの周りで、うれしそうに(跳ねて)いました。

⑦ ㋐ 黒い雲が空一面に広がってきました。風も少し吹いてきました。しばらくすると、雨が(ポツポツ)と降り出しました。

　 ㋑ 黒い雲が空一面に広がってきました。風も少し吹いてきました。しばらくすると、雨が(パラパラ)と降り出しました。

⑧ ㋐　先週の日曜日、田舎の(おじさん)に、山へ(きのことり)に連れていってもらいました。

㋑　先週の日曜日、田舎の(おばさん)に、山へ(栗拾い)に連れていってもらいました。

⑨ ㋐　今日は小学生のみっちゃんが、(お昼ごはん)を作ります。パンに(ハム)とレタスをはさんで、サンドイッチのできあがりです。

㋑　今日は小学生のみっちゃんが、(お弁当)を作ります。パンに(チーズ)とレタスをはさんで、サンドイッチのできあがりです。

⑩ ㋐　ネコが怒った時、しっぽの毛は(広がって)太くなります。これは体を大きく見せて、敵をおどかすためです。

㋑　ネコが怒った時、しっぽの毛は(逆立って)太くなります。これは体を大きく見せて、敵をおどかすためです。

⑪ ㋐　梅雨の頃、ツバメの巣では子育てが始まります。ひなは、親鳥が運んでくれる(エサ)を食べて大きくなります。

㋑　梅雨の頃、ツバメの巣では子育てが始まります。ひなは、親鳥が運んでくれる(虫)を食べて大きくなります。

⑫ ㋐　カレイやヒラメは、(まわり)の色に合わせて自分の体の色を変えます。こうして敵に(おそわれない)ようにしているのです。

㋑　カレイやヒラメは、(周囲)の色に合わせて自分の体の色を変えます。こうして敵に(見つからない)ようにしているのです。

解答

① お姉さん⟷お母さん

② ○

③ マフラー⟷手袋

④ 公園⟷広場　　　お茶⟷お水

⑤ お姉さん⟷お兄さん

⑥ | お父さん←→おじいさん　犬←→子犬　遊んで←→跳ねて

⑦ | ポツポツ←→パラパラ

⑧ | おじさん←→おばさん　　　きのことり←→栗拾い

⑨ | お昼ごはん←→お弁当　　　ハム←→チーズ

⑩ | 広がって←→逆立って

⑪ | エサ←→虫

⑫ | まわり←→周囲　　　おそわれない←→見つからない

3-04

問題文

⑬ ㋐ ホタルのオスは(夜に)なると飛び回ります。これはお尻を光らせて、メスに自分のいる場所を教えているのです。

㋑ ホタルのオスは(暗く)なると飛び回ります。これはお尻を光らせて、メスに自分のいる場所を教えているのです。

⑭ ㋐ アリは(木)に集まっているアブラムシのところへ行きます。これはアブラムシが甘い(汁)を出すからです。

㋑ アリは(枝)に集まっているアブラムシのところへ行きます。これはアブラムシが甘い(液)を出すからです。

⑮ ㋐ 名前を呼ばれると、ゆきこはすっと立ちました。そして、はっきりとした大きな声でお話を(読み始め)ました。

㋑ 名前を呼ばれると、ゆきこはすっと立ちました。そして、はっきりとした大きな声でお話を(読み出し)ました。

⑯ ㋐　弟が(セミ)を捕まえてきました。ぼくがそっとさわると、羽をバタバタ動かしました。

　　㋑　弟が(トンボ)を捕まえてきました。ぼくがそっとさわると、羽をバタバタ動かしました。

⑰ ㋐　虫の中には、卵からかえった時の形が、親と違うものがいます。でも、(カマキリ)は親と同じ形で大きくなります。

　　㋑　虫の中には、卵からかえった時の形が、親と違うものがいます。でも、(コオロギ)は親と同じ形で大きくなります。

⑱ ㋐　お姉さんと2人で、朝ごはんの(用意)をしました。私は、お箸とお皿を運びました。

　　㋑　お姉さんと2人で、朝ごはんの(片付け)をしました。私は、お箸とお皿を運びました。

⑲ ㋐　同じクラスのゆうこさんが、遊びにきました。来週の金曜日に、学校で縄跳び大会があるので、家の庭で縄跳びの練習をしました。

　　㋑　同じクラスのゆうこさんが、遊びにきました。来週の金曜日に、学校で縄跳び大会があるので、家の庭で縄跳びの練習をしました。

⑳ ㋐　ももちゃんは、今日は朝からとても張り切っています。これから(お母さん)と一緒におひな様を飾り、(ちらしずし)を作るのです。

　　㋑　ももちゃんは、今日は朝からとても張り切っています。これから(ママ)と一緒におひな様を飾り、(ごちそう)を作るのです。

㉑ ㋐　犬は夏になると、(舌を出して)ハッハッと息をします。こうして体が熱くならないようにしているのです。

　　㋑　犬は夏になると、(口を開けて)ハッハッと息をします。こうして体が熱くならないようにしているのです。

㉒ ㋐　イルカは真っ暗な(ところ)でも、すいすい泳ぐことができます。これはイルカにレーダーがあるからです。

　　㋑　イルカは真っ暗な(海)でも、すいすい泳ぐことができます。これはイルカにレーダーがあるからです。

㉓ ㋐　明日は(母の日)なので、私は(お父さん)と一緒に、デパートへプレゼントを買いに行きました。

　　㋑　明日は(父の日)なので、私は(お母さん)と一緒に、デパートへプレゼントを買いに行きました。

㉔ ㋐ （アリ）の大群がやってきました。（かまれる）と大変です。（子犬）はびっくりして、川の中に飛び込みました。

㋑ （ハチ）の大群がやってきました。（さされる）と大変です。（子ザル）はびっくりして、川の中に飛び込みました。

解答

⑬
夜に←→暗く

⑭
木←→枝　　　　　　　汁←→液

⑮
読み始め←→読み出し

⑯
セミ←→トンボ

⑰
カマキリ←→コオロギ

⑱
用意←→片付け

⑲
○

⑳
お母さん←→ママ　　　　ちらしずし←→ごちそう

㉑
舌を出して←→口を開けて

㉒
ところ←→海

㉓
母の日←→父の日　　　　お父さん←→お母さん

㉔
アリ←→ハチ　　かまれる←→さされる　　子犬←→子ザル

③ お話をくりかえそう

問題の進め方

これから短いお話をします。お話が終わったら、すぐに繰り返して言ってください。全部言えない場合は覚えているところだけを言いましょう。

文の区切り方は、読む調子に合わせるようにしていますので、文法における文節の区切り方とは一致していない場合もあります。

①ドリルはおうちの方が持ち、お子さんにはドリルの問題を見せないようにしてください。

②お子さんが口頭で答えを言い、それをおうちの方がチェックしてあげてください。

③お子さんが答える間、音声を一時停止にしてください。

④3〜4回繰り返しても復唱できない時は、おうちの方も一緒に言ったり、つまる言葉の先頭を言ってヒントを出したりしながら進めてください。

天敵と…

生き物を
いきものを…
？？？

⑤1人で復唱できなかった問題は、後日もう1度練習してください。

**指導の
ポイント**

　奇数番号は、日常生活の中で体験していると思われることを中心に、偶数番号は、今後身につけていってほしいことを中心にしました。

　復唱するにあたって、**奇数番号は正解率が高く、偶数番号は正解率が低くなる傾向にあります。**なぜなら、**お子さんが自分で経験したことがある話は、話を覚えやすいからです。**内容を理解しているので、話の流れをつかむことができるのです。それに対し、初めて聞くことばがあると話の流れがつかめません。内容をイメージすることができないので、ことばがスムーズに出てこないのです。

　つまり、**日常生活における多くの体験が、話の理解と記憶を助けてくれる**のです。

**採点に
ついて**

　採点は減点法で行います。満点は**30点**です。

　減点の基準について採点例を以下に示します。

　文節や文字の欠落、および余分は１カ所につき**１点減点**してください。ここでいう文節とは、本来の文法に従って分けたものではなく、子どもたちが復唱する時のことばの調子から区切った部分のことです。

　減点基準についてそれほど厳密になる必要はありません。**このドリルの目的は得点を正確に出すことではありません。**

例文	わたしは　お母さんと　公園に　行きました。

採点例	①	わたしは　お姉さんと　公園へ　行ってきました。………−3点

　　　　　　　　　　　　−1　　　　　　−1　　−1

　　② わたしと　　お母さんは　これから　公園に　行きます。…−4点
　　　　　−1　　　　　　−1　　−1　　　　　−1

　　③ わたしは　＿母さんと　児童公園に　行きました。…………−2点
　　　　　　　　　−1　　　　−1

　　④ お母さんと　わたしは　公園に　行きました。………………−2点
　　　　　−1　　　　　−1

　　⑤ わたしは　公園まで　お母さんと　行きました。……………−2点
　　　　　　　　　−1　　　−1

4 道順をよく聞こう

問題の進め方

●印に鉛筆を置きます。音声の「上」「下」「右」「左」の声にあわせて、道を１つずつ進むと、①〜③のどこかにつきます。

音声を聞いている途中で、進行方向がわからなくなっても、音声は止めずに最後まで続けてください。そして、再び始めからやり直すようにしてください。

①お子さんが、上・下・右・左を理解しているかを確認してから問題を始めてください。

②間違えても消しゴムは使わず、間違える前の場所に戻って、そのまま続けさせてください。

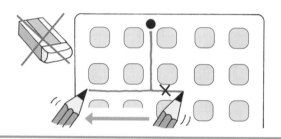

指導のポイント

この問題では、まず、**左右がきちんと理解できているかどうかが重要**となります。小学１年生の入学時には、90％以上のお子さんが左右の理解ができるようになっています。子どもにとって、上下、前後、左右の方向のうち最後に習得するのが左右です。**これらの方向性の理解が、グラフ問題などを解く力の基になります。**

方向性を理解するには、体の認知がしっかりとでき上がっていることが重要です。つまり、自分の体の部位と名称が一致していなければなりません。頭〜つま先まで約20〜30の部位と名称がすらすら言えて、示すことができるようにしてください。お風呂に入った時や、着替えの時などを利用して自分の体の部位を言う練習をしておくとよいでしょう。

なお、わからなくなったとたん「待って」と言うお子さんがいますが、集団の中にいる場合は、自分の都合だけで動くのではなく、周囲の状況も見えることが大切です。そのために、**日頃から「タイミングを待つ」という練習が必要です。**

この問題の音声を聞いている途中で**進行方向がわからなくなった時でも、音声は止めず**に最後まで続けます。そうして、区切りがつくまで待つということを練習してください。

1
3-09

① 上 → 左 → 下 → 下 → 右 → 下 → 左 → 下 → 左 → 左
→ 上 → 右 → 上 → 左 → 下 → 左 → 上 → 上 → 右 → 上
→ ①

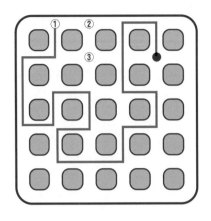

② 下 → 左 → 上 → 上 → 左 → 下 → 左 → 左 → 上 → 右
→ 上 → 左 → 上 → 右 → 右 → 右 → 上 → 左 → 下 → 下
→ 右 → 下 → 右 → 上 → 右 →③

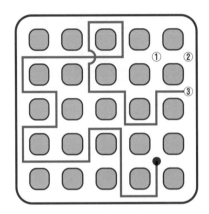

2
3-10

③ 右 → 右 → 上 → 左 → 下 → 下 → 左 → 左 → 上 → 左
→ 下 → 下 → 右 → 下 → 下 → 右 → 上 → 上 → 右 → 下
→ 下 → 右 → 上 → 右 → 上 → 左 → 左 → 上 → 右 → 右
→ ③

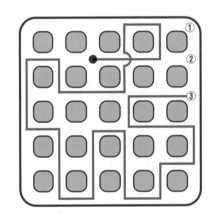

④ 下 → 左 → 上 → 右 → 上 → 上 → 左 → 上 → 左 → 左
→ 下 → 左 → 下 → 下 → 左 → 上 → 右 → 右 → 上 → 右
→ 右 → 下 → 左 → 下 → 下 → 左 → 上 → 左 → 下 → 左
→ ①

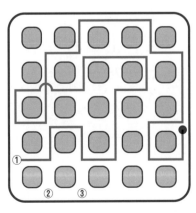

21

4 道順をよく聞こう

⑤　右 → 上 → 右 → 下 → 左 → 下 → 下 → 右 → 上 → 左
　→ 左 → 下 → 左 → 左 → 上 → 左 → 上 → 右 → 下 → 右
　→ 右 → 上 → 左 → 左 → 上 → 上 → 右 → 下 → 右 → 上
　→ ①

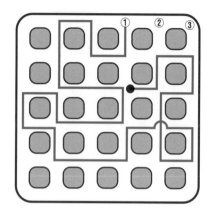

⑥　右 → 上 → 右 → 右 → 上 → 左 → 左 → 下 → 左 → 上
　→ 左 → 左 → 下 → 右 → 上 → 上 → 右 → 上 → 左 → 上
　→ 右 → 右 → 下 → 右 → 右 → 下 → 左 → 左 → 左 → 下
　→ ①

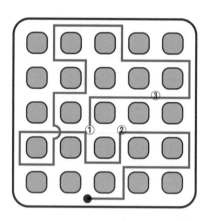

⑦　右 → 上 → 上 → 右 → 上 → 左 → 下 → 左 → 下 → 左
　→ 左 → 下 → 右 → 右 → 下 → 下 → 左 → 上 → 右 → 右
　→ 右 → 右 → 上 → 上 → 左 → 下 → 左 → 下 → 下 → 右
　→ ②

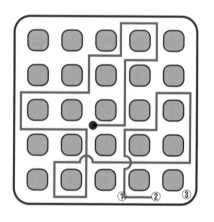

⑧　下 → 右 → 上 → 上 → 左 → 上 → 上 → 左 → 下 → 右
　→ 右 → 上 → 右 → 下 → 下 → 左 → 上 → 右 → 右 → 右
　→ 上 → 左 → 下 → 下 → 下 → 左 → 上 → 左 → 下 → 下
　→ ①

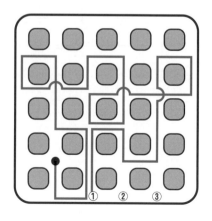

5
3-13

⑨　下 → 左 → 上 → 右 → 上 → 左 → 上 → 左 → 上 → 右
　→ 右 → 下 → 下 → 右 → 上 → 右 → 上 → 上 → 左 → 下
　→ 下 → 下 → 右 → 右 → 上 → 左 → 下 → 下 → 左 → 下
　→ ①

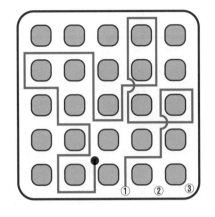

⑩　左 → 左 → 上 → 左 → 下 → 下 → 左 → 下 → 右 → 右
　→ 上 → 右 → 右 → 上 → 左 → 下 → 下 → 下 → 右 → 上
　→ 左 → 下 → 左 → 上 → 左 → 下 → 右 → 下 → 右 → 右
　→ ③

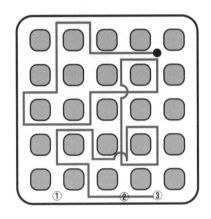

6
3-14

⑪　下 → 左 → 下 → 右 → 右 → 上 → 上 → 右 → 下 → 右
　→ 下 → 左 → 上 → 左 → 左 → 下 → 下 → 下 → 右 → 上
　→ 上 → 右 → 右 → 下 → 下 → 右 → 上 → 左 → 左 → 左
　→ ③

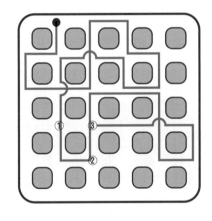

⑫　右 → 上 → 右 → 下 → 下 → 左 → 下 → 左 → 上 → 左
　→ 左 → 上 → 右 → 下 → 右 → 下 → 左 → 左 → 下 → 右
　→ 上 → 右 → 下 → 右 → 上 → 右 → 下 → 右 → 上 → 左
　→ ①

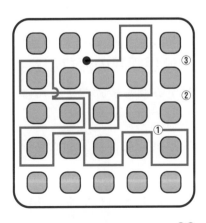

5 大事なことは3つ

問題の進め方

音声の指示に従って色をぬります。あまりはみ出さず、濃い目にぬるようにしてください。問題を言っている時に色鉛筆を持ったり、ぬる場所を指で押さえたりしないようにしてください。

問題を聞いたらすぐにぬらないと、次の問題を聞く余裕が持てなくなります。

①赤・青・黄・緑の色鉛筆かクーピーペンシルを用意します。

②問題を言っている間、色鉛筆は手に持たないようにしてください。ぬり終わったら、すぐに入れ物に戻します。

③間違えてぬった時は、上から×をしてください。消しゴムは使いません。

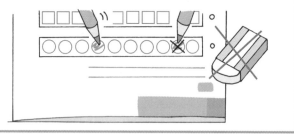

④念のため、問題を始める前に、左右の確認をしてください。

指導のポイント

まず、**鉛筆を持たないで聞くことに集中すること**が重要です。正解することにこだわって、問題を聞きながら色鉛筆を持ったり、ぬる色だけ別の場所に置いたり、ぬる場所を指で押さえたりするお子さんがいます。しかし、このやり方では、**答えは正解でも聞いたことを記憶する練習にはなっていません。**

また、次の問題が始まってもぬり続けていたため、問題がわからなくなることがあります。この場合、**わからなくなった問題はとばして、**その次の問題に取りかかるように指導してください。「**4 道順をよく聞こう**」のポイントと同様で、「待って、待って」ではなく、**自分が周囲の流れに合わせなければならない必要性を体験させてください。**何回か練習するうちに、お子さんはコツをつかんで素早くぬれるようになります。

なお、集合数と順序数に戸惑いのあるお子さんの場合、「お皿を上から3枚出してちょうだい」「上から3枚目のお皿を出してちょうだい」というように、日常のお手伝いを通じて理解を育てていくようにしてください。

① 右から2番目を赤色にぬります。

② 左から1番目を青色にぬります。

③ 右から3番目を緑色にぬります。

④ 右から4番目を青色にぬります。

⑤ 左から5番目を緑色にぬります。

⑥ 右から2番目を黄色にぬります。

⑦ 右から4番目を赤色にぬります。

⑧ 左から6番目を黄色にぬります。

⑨ 左から7番目を緑色にぬります。

⑩ 右から1番目を青色にぬります。

① ○○○○○○○○赤○

② 青□□□□□□□□□

③ △△△△△△△緑△△

④ ○○○○○青○○○○

⑤ □□□□緑□□□□□

⑥ △△△△△△△△黄△

⑦ ○○○○○○赤○○○

⑧ □□□□□黄□□□□

⑨ △△△△△△緑△△△

⑩ ○○○○○○○○○青

⑪ 左から4番目を青色にぬります。

⑫ 右から7番目を緑色にぬります。

⑬ 右から9番目を青色にぬります。

⑭ 左から2番目を赤色にぬります。

⑮ 右から10番目を黄色にぬります。

⑯ 右から6番目を赤色にぬります。

⑰ 左から7番目を黄色にぬります。

⑱ 左から4番目を緑色にぬります。

⑲ 右から9番目を赤色にぬります。

⑳ 右から4番目を青色にぬります。

⑪ ○○○青○○○○○○

⑫ □□□緑□□□□□□

⑬ △青△△△△△△△△

⑭ ○赤○○○○○○○○

⑮ 黄□□□□□□□□□

⑯ △△△△赤△△△△△

⑰ ○○○○○○黄○○○

⑱ □□□緑□□□□□□

⑲ △赤△△△△△△△△

⑳ ○○○○○○青○○○

③ 3-17

㉑ 左から2個　緑色にぬります。

㉒ 右から3個　青色にぬります。

㉓ 左から3個　赤色にぬります。

㉔ 右から4個　黄色にぬります。

㉕ 右から2個　緑色にぬります。

㉖ 左から4個　黄色にぬります。

㉗ 右から3個　赤色にぬります。

㉘ 左から5個　黄色にぬります。

㉙ 左から2個　緑色にぬります。

㉚ 右から5個　青色にぬります。

㉑ 緑 緑 ○ ○ ○ ○ ○ ○ ○ ○

㉒ □ □ □ □ □ □ □ 青 青 青

㉓ 赤 赤 赤 △ △ △ △ △ △ △

㉔ ○ ○ ○ ○ ○ ○ 黄 黄 黄 黄

㉕ □ □ □ □ □ □ □ □ 緑 緑

㉖ 黄 黄 黄 黄 △ △ △ △ △ △

㉗ ○ ○ ○ ○ ○ ○ ○ 赤 赤 赤

㉘ 黄 黄 黄 黄 黄 □ □ □ □ □

㉙ 緑 緑 △ △ △ △ △ △ △ △

㉚ ○ ○ ○ ○ ○ 青 青 青 青 青

④ 3-18

㉛ 左から4個　青色にぬります。

㉜ 右から3個　緑色にぬります。

㉝ 右から5個　青色にぬります。

㉞ 左から2個　緑色にぬります。

㉟ 右から6個　赤色にぬります。

㊱ 右から3個　青色にぬります。

㊲ 左から7個　黄色にぬります。

㊳ 左から4個　緑色にぬります。

㊴ 右から5個　赤色にぬります。

㊵ 右から6個　緑色にぬります。

㉛ 青 青 青 青 ○ ○ ○ ○ ○ ○

㉜ □ □ □ □ □ □ □ 緑 緑 緑

㉝ △ △ △ △ △ 青 青 青 青 青

㉞ 緑 緑 ○ ○ ○ ○ ○ ○ ○ ○

㉟ □ □ □ □ 赤 赤 赤 赤 赤 赤

㊱ △ △ △ △ △ △ △ 青 青 青

㊲ 黄 黄 黄 黄 黄 黄 黄 ○ ○ ○

㊳ 緑 緑 緑 緑 □ □ □ □ □ □

㊴ △ △ △ △ △ 赤 赤 赤 赤 赤

㊵ ○ ○ ○ ○ 緑 緑 緑 緑 緑 緑

5

㊶ 右から4番目を赤色にぬります。

㊷ 右から5番目を緑色にぬります。

㊸ 左から3個　赤色にぬります。

㊹ 右から4番目を青色にぬります。

㊺ 左から5個　赤色にぬります。

㊻ 右から3個　黄色にぬります。

㊼ 左から8番目を赤色にぬります。

㊽ 左から5個　青色にぬります。

㊾ 右から2個　緑色にぬります。

㊿ 右から8番目を青色にぬります。

㊶ ○○○○○○ 赤 ○○○

㊷ □□□□□ 緑 □□□□

㊸ 赤 赤 赤 △△△△△△△

㊹ ○○○○○ 青 ○○○

㊺ 赤 赤 赤 赤 赤 □□□□□

㊻ △△△△△△△ 黄 黄 黄

㊼ ○○○○○○○ 赤 ○○

㊽ 青 青 青 青 青 □□□□□

㊾ △△△△△△△△ 緑 緑

㊿ ○○ 青 ○○○○○○○

6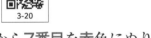

�51 左から7番目を赤色にぬります。

�52 右から5個　緑色にぬります。

�53 左から3番目を緑色にぬります。

�54 右から8番目を青色にぬります。

�55 左から5個　赤色にぬります。

�56 右から2番目を青色にぬります。

�57 左から2個　赤色にぬります。

�58 左から5番目を黄色にぬります。

�59 右から3個　緑色にぬります。

�60 左から4個　赤色にぬります。

�51 ○○○○○○ 赤 ○○○

�52 □□□□□ 緑 緑 緑 緑 緑

�53 △△ 緑 △△△△△△△

�54 ○○ 青 ○○○○○○○

�55 赤 赤 赤 赤 赤 □□□□□

�56 △△△△△△△△ 青 △

�57 赤 赤 ○○○○○○○○

�58 □□□□ 黄 □□□□□

�59 △△△△△△△ 緑 緑 緑

�60 赤 赤 赤 赤 ○○○○○○

3-21

㊱ 右から4個　青色にぬります。　　㊱ ○ ○ ○ ○ ○ ○ 青 青 青 青

㉒ 右から7番目を緑色にぬります。　㉒ □ □ □ 緑 □ □ □ □ □ □

㉓ 左から9番目を青色にぬります。　㉓ △ △ △ △ △ △ △ △ 青 △

㉔ 左から2個　赤色にぬります。　　㉔ 赤 赤 ○ ○ ○ ○ ○ ○ ○ ○

㉕ 右から10番目を緑色にぬります。　㉕ 緑 □ □ □ □ □ □ □ □ □

㉖ 左から6個　青色にぬります。　　㉖ 青 青 青 青 青 青 △ △ △ △

㉗ 右から7個　黄色にぬります。　　㉗ ○ ○ ○ 黄 黄 黄 黄 黄 黄 黄

㉘ 左から10番目を緑色にぬります。　㉘ □ □ □ □ □ □ □ □ □ 緑

㉙ 右から4個　黄色にぬります。　　㉙ △ △ △ △ △ △ 黄 黄 黄 黄

㉚ 右から7番目を赤色にぬります。　㉚ ○ ○ ○ 赤 ○ ○ ○ ○ ○ ○

8

3-22

㉛ 左から10番目を青色にぬります。　㉛ ○ ○ ○ ○ ○ ○ ○ ○ ○ 青

㉜ 右から4個　黄色にぬります。　　㉜ □ □ □ □ □ □ 黄 黄 黄 黄

㉝ 左から4番目を緑色にぬります。　㉝ △ △ △ 緑 △ △ △ △ △ △

㉞ 左から5個　緑色にぬります。　　㉞ 緑 緑 緑 緑 緑 ○ ○ ○ ○ ○

㉟ 右から8番目を赤色にぬります。　㉟ □ □ 赤 □ □ □ □ □ □ □

㊱ 左から6個　青色にぬります。　　㊱ 青 青 青 青 青 青 △ △ △ △

㊲ 右から5個　赤色にぬります。　　㊲ ○ ○ ○ ○ ○ 赤 赤 赤 赤 赤

㊳ 左から7番目を緑色にぬります。　㊳ □ □ □ □ □ □ 緑 □ □ □

㊴ 右から6個　黄色にぬります。　　㊴ △ △ △ △ 黄 黄 黄 黄 黄 黄

㊵ 右から7番目を赤色にぬります。　㊵ ○ ○ ○ 赤 ○ ○ ○ ○ ○ ○

6 君がFAXになろう

問題の進め方

指示に従って、ます目に色をぬっていきます。はみ出さないように、それでいて濃く速くぬるようにしてください。

ぬる場所を聞きもらした時は、次の場所からぬり続けるよう指導してください。もし、ぬり間違えた時はそのままにしておき、すべての指示が終わってから消すようにしてください。

---

① 色鉛筆かクーピーペンシルを用意します。あまり薄い色は避けてください。先は8分目くらいに削っておきます。

② 指示されたます目をすべてぬりつぶすと、文字ができます。何の文字かよくわからない時は、1〜2メートル離れて見ると見やすくなります。

指導のポイント

この問題で、気をつけてもらいたいのは、以下の2点です。

① 「頑張ってぬったら○という字ができるよ」などと、**答えを先に教えないようにしてください。**自分の努力で答えを見つけた喜びは貴重です。

② ぬる場所の指示があったら、すぐにその枠を囲んでからぬり始めると、ぬるのが楽になります。ただし、この**「枠を囲んでおく」というコツを始めから教えないようにしてください。**このコツを自分で見つけ出すことで、**考える力や工夫する力が育ちます。**

なお、「5 大事なことは3つ」と同様、**ぬる場所がわからなくなった時は、次の問題に備える**ことを指導してください。一旦わからなくなれば、考えてわかるものではありません。

採点について

採点は減点法で行います。満点は**40点**です。

ます目1カ所のぬり忘れ、ぬり間違いにつき、**1点減点**します。

解答にある丸番号は音声では読まれません。どの順で読まれているかわかりやすくするために入れているものです。

6 君がFAXになろう

1

3-23

① こ2〜8	⑬ け13・14
② さ2〜6	⑭ き10〜12
③ し10・11	⑮ く16・17
④ す9・10	⑯ こ9〜14
⑤ か14〜16	⑰ え12〜14
⑥ お13〜15	⑱ お9
⑦ き15〜17	⑲ か9・10
⑧ た7	⑳ く11〜13
⑨ ち7・8	㉑ さ7〜10
⑩ つ8〜10	㉒ せ8・9
⑪ て10	㉓ そ7・8
⑫ う12・13	

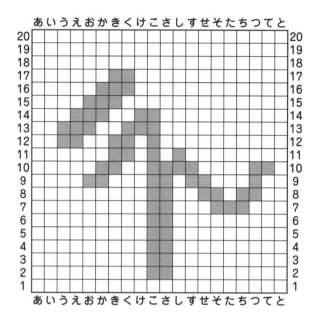

2

3-24

① か13〜16	⑮ そ15〜18
② き14〜17	⑯ た17〜19
③ く16〜18	⑰ ち9〜14
④ け17〜19	⑱ え6・7
⑤ た3・4	⑲ お3〜8
⑥ ち3〜8	⑳ こ6・7
⑦ つ11〜17	㉑ さ6・7
⑧ か3〜8	㉒ し6・7
⑨ き6・7	㉓ お9〜13
⑩ く6・7	㉔ か9〜12
⑪ け6・7	㉕ ち15〜19
⑫ い6・7	㉖ つ5〜10
⑬ う6・7	㉗ こ18・19
⑭ せ15・16	

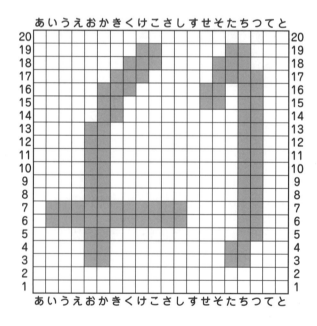

❸
3-25

① け3・4　　⑯ た3〜8　　㉛ き17・18
② こ3〜6　　⑰ え15〜18　㉜ く10・11
③ さ3〜6　　⑱ か3・4　　㉝ け10・11
④ せ10・11　⑲ き10・11　㉞ く3・4
⑤ そ10・11　⑳ え3〜8
⑥ た9〜14　㉑ し3・4
⑦ ち3〜8　　㉒ す3・4
⑧ え9〜14　㉓ ち9〜14
⑨ お9〜14　㉔ お15〜19
⑩ か18・19　㉕ か10・11
⑪ き3・4　　㉖ お3〜8
⑫ こ7〜11　㉗ た15〜19
⑬ さ7〜11　㉘ ち15〜19
⑭ せ3・4　　㉙ し10・11
⑮ そ3・4　　㉚ す10・11

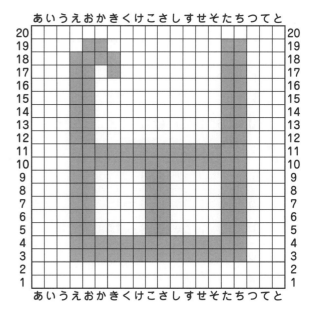

❹
3-26

① け9〜12　⑯ け2〜8　　㉛ し5・6
② く9〜13　⑰ し11・12　㉜ ち14〜17
③ き14〜18　⑱ す11〜15　㉝ さ14・15
④ か14・15　⑲ え5・6
⑤ す5・6　　⑳ お14・15
⑥ せ5・6　　㉑ き5・6
⑦ そ5・6　　㉒ く2〜8
⑧ つ11〜17　㉓ し14・15
⑨ て8〜13　㉔ せ12〜14
⑩ う14・15　㉕ ち6・7
⑪ え14・15　㉖ つ6〜10
⑫ お5・6　　㉗ く14〜18
⑬ か5・6　　㉘ こ14・15
⑭ け13〜15　㉙ た5・6
⑮ こ5・6　　㉚ さ5・6

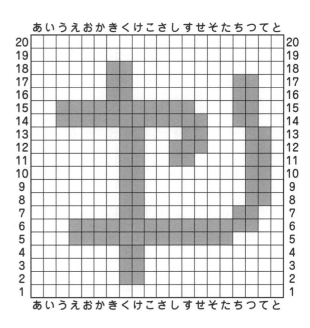

6 君がFAXになろう

5

3-27

① く8	⑯ そ4	㉛ そ12・13
② け4・5	⑰ せ4・5	
③ こ5・6	⑱ す14・15	
④ さ6〜9	⑲ こ17・18	
⑤ た10〜16	⑳ け18	
⑥ ち8〜11	㉑ え8	
⑦ つ8	㉒ お8	
⑧ し15・16	㉓ け8〜10	
⑨ す9・10	㉔ こ8〜14	
⑩ せ10	㉕ さ16・17	
⑪ え14	㉖ か8	
⑫ お13・14	㉗ き8	
⑬ か12・13	㉘ し6〜9	
⑭ き11・12	㉙ す5・6	
⑮ く10・11	㉚ せ13・14	

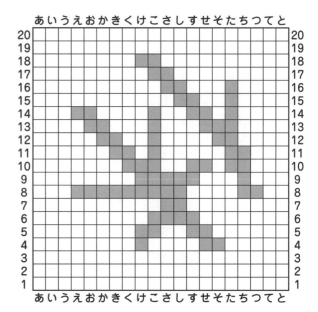

6

3-28

① け3〜9	⑯ た5・6	㉛ し19
② こ11〜13	⑰ ち5〜10	㉜ す11〜13
③ さ10〜12	⑱ す17〜19	㉝ そ6・7
④ し9〜12	⑲ い3〜9	㉞ け10〜15
⑤ つ11〜14	⑳ う3〜8	㉟ か18〜20
⑥ ち11〜14	㉑ か14・15	㊱ せ12〜14
⑦ た14・15	㉒ き14〜19	
⑧ そ13〜16	㉓ く14〜17	
⑨ い10〜15	㉔ す8・9	
⑩ う9〜15	㉕ せ16・17	
⑪ え14・15	㉖ く9〜13	
⑫ お14・15	㉗ せ7・8	
⑬ か3・4	㉘ つ5〜10	
⑭ き3・4	㉙ え3・4	
⑮ く3〜8	㉚ お3・4	

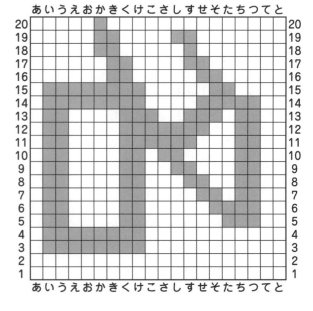

3-29

① せ12〜15	⑯ さ5・6	㉛ け3・4
② ち9・10	⑰ く16・17	㉜ す12・13
③ き7・8	⑱ か14・15	㉝ け8・9
④ か8〜11	⑲ さ15〜18	㉞ こ14・15
⑤ け12〜14	⑳ た10・11	㉟ し16・17
⑥ す7・8	㉑ つ8・9	㊱ こ4・5
⑦ さ10・11	㉒ く7・8	㊲ そ9〜12
⑧ き2・3	㉓ こ18・19	㊳ き14〜16
⑨ お9・10	㉔ し11・12	㊴ そ14
⑩ う11・12	㉕ か3・4	
⑪ く2・3	㉖ く12〜14	
⑫ け17・18	㉗ し6・7	
⑬ す15・16	㉘ せ8・9	
⑭ お13・14	㉙ え10〜13	
⑮ こ9〜12	㉚ き11・12	

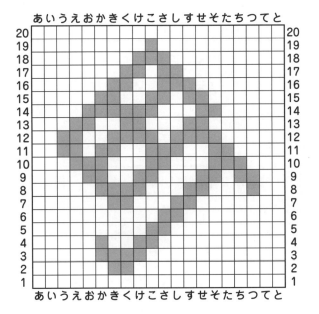

7 ことばをすぐに書こう

問題の進め方

聞こえてくることばをすぐに書きとめていきます。文字を間違えた時は、×をして書き直します。消しゴムは使わないでください。解答欄が次の行に移る時も、ことばは続けて言います。書く手を止めないように注意してください。

文字を書くための時間は、通常の会話より多少遅く感じる程度なので、聞いたと同時に書く、というくらいの気持ちでないと書き切れないかもしれません。

① 鉛筆は２本用意します。１本は予備です。

② 文字を間違えた時は、×をして、同じ解答欄の空いた所に書き直してください。

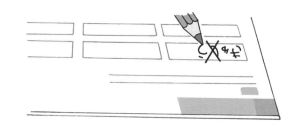

指導のポイント

単語を聞くと同時に書き続ける練習です。手を休めることなく動かさないといけません。中学生、高校生で必要となる「要約筆記」への第一歩です。１回の問題の中で、**前半は低学年でも日常使うと思われることばを中心に、後半は高学年で習うことばを取り入れました。**

音声を聞きながら文字を書きとめられないお子さんを見ていますと、文字（ひらがな）がすぐに出てきていません。まだ、ひらがなの五十音が自分のものとなっていないのでしょう。**聞くことから文字を思い出すことへと意識が移ってしまい、その結果、次のことばを聞きもらしているのです。**

このようなお子さんは、**五十音の記入練習**をするとよいでしょう。５マス×11行の五十音記入練習の表を用意して、そこに「あいうえおかき……ん」まで何も見ないで記入させるのです。**五十音表が上から下、右から左へすらすら同じ速さで書けるように練習してください。**

採点について

完全に正しく書けたものだけを正解とします。
ひらがな・カタカナ・漢字の混在は**音として正しければ正解**とします。
解答の記入位置がずれて、正しい解答欄に書いていなくてもかまいません。

例 ○きゅうしょく　　○きゅう食　　○キューショク
　　○キュー食　　　○キューしょく　○キュウショく
　　×きゅうしょぐ　×きゅしょく　　×きゅっしょく

1
3-30

つくえ	きたかぜ	ほうりつ
すいか	つりばり	せんきょ
けむし	がいこく	ねあがり
さくら	ともしび	こくみん
ひつじ	めいさく	ふろしき
くつした	こうふん	おんだんか
なきむし	かたな	すいえい
かみなり	さこく	しゅるい
はんかち	うきよえ	おしべ
なわとび	ゆうびん	しつど

2
3-31

くすり	みそしる	けんぽう
からす	かいだん	ないかく
まくら	ぞうきん	ばっさい
ひかり	くちばし	しょうひ
しごと	めいしん	せいさん
みのむし	りきさく	しがいせん
つなひき	えもの	あかしお
ちりとり	ふみえ	らくのう
せんたく	ほらあな	めしべ
くちびる	はいたつ	きあつ

35

7 ことばをすぐに書こう

3

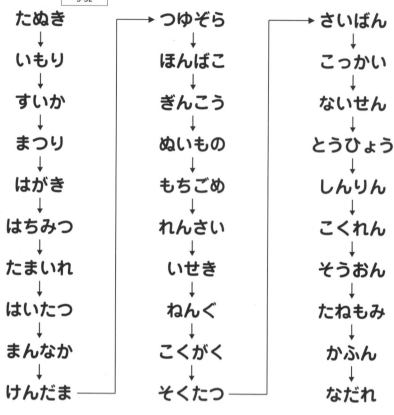

たぬき
↓
いもり
↓
すいか
↓
まつり
↓
はがき
↓
はちみつ
↓
たまいれ
↓
はいたつ
↓
まんなか
↓
けんだま

→ つゆぞら
↓
ほんばこ
↓
ぎんこう
↓
ぬいもの
↓
もちごめ
↓
れんさい
↓
いせき
↓
ねんぐ
↓
こくがく
↓
そくたつ

→ さいばん
↓
こっかい
↓
ないせん
↓
とうひょう
↓
しんりん
↓
こくれん
↓
そうおん
↓
たねもみ
↓
かふん
↓
なだれ

4

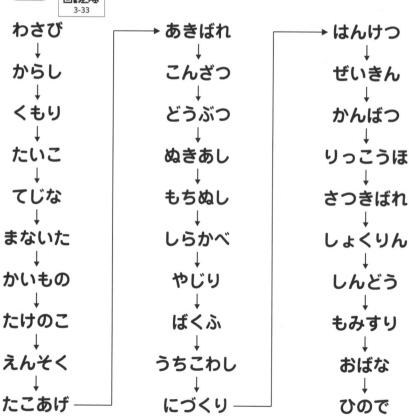

わさび
↓
からし
↓
くもり
↓
たいこ
↓
てじな
↓
まないた
↓
かいもの
↓
たけのこ
↓
えんそく
↓
たこあげ

→ あきばれ
↓
こんざつ
↓
どうぶつ
↓
ぬきあし
↓
もちぬし
↓
しらかべ
↓
やじり
↓
ばくふ
↓
うちこわし
↓
にづくり

→ はんけつ
↓
ぜいきん
↓
かんばつ
↓
りっこうほ
↓
さつきばれ
↓
しょくりん
↓
しんどう
↓
もみすり
↓
おばな
↓
ひので

8 暗号を読みとろう

問題の進め方

聞こえてくることばを左から右へと書いていきます。文字を間違えた時は、×をして書き直し、消しゴムは使わないでください。

①・②は4文字ずつ、③〜⑧は5文字ずつ区切って言います。また、次の行に移る時にも指示があります。

聞いている途中でことばがわからなくなった時は、その部分を空白にしてください。空白部分が多く、おうちの方が必要と思われた時は、もう1度音声を流してください。

① 鉛筆は2本用意します。1本は予備です。

② 全部書き終わったら、何のことが書いてあるのか考えさせてください。

指導のポイント

無意味なことばを覚え、集中力を高める練習です。1語1語すべて聞き取らないと後で文章になりません。そのため、短いことばであっても集中力を高めることができるのです。

どのくらい集中力が必要か、試してみましょう。

次のことばを覚えてください。「てがいぎなろいおるこ」

どうですか。ちょっと気合いを入れて覚えないといけないな、と意識されませんでしたか。

では、同じ10文字を次のように入れ替えるとどうですか。「こおろぎがないている」

今度は覚えるという意識は、それほど働きませんでしたね。これでわかるように**意味のないことばを覚える練習は集中力を高めるのに効果がある**、と言われているのです。

五十音をバラバラに聞くので、個人差もありますが、15〜35文字ぐらいの聞き間違いが出ます。完全に書き取ったお子さんでも、何文字かを聞き間違えてしまうことがあります。

①で、どこから読み始めていけば文章になるのか、すぐに見つけられるお子さんは5〜6人に1人です。**読み始める部分が見つけられなくても、しばらくは文字全体を眺めさせてください。**すぐ答えを人に聞く癖をつけないためにも、自分で見つけるようにさせてください。

採点について

採点は減点法で行います。満点は**50点**です。

誤字・空白1文字につき、**1点減点**します。

暗号を読む時、「つ」「や」「ゆ」「よ」は、「っ」「ゃ」「ゅ」「ょ」と読むこともあります。

8 暗号を読みとろう

①

1行目	ぎ	た	と	え	で	ぼ	て	お
2行目	を	れ	み	た	す	で	い	こ
3行目	し	さ	を	た	は	そ	る	め
4行目	て	が	た	ね	る	だ	の	は
5行目	い	り	く	は	に	て	お	な
6行目	る	ひ	さ	あ	た	る	こ	に
7行目	よ	と	ん	き	ん	い	め	か
8行目	う	が	つ	に	ぼ	ね	は	ら
9行目	で	お	け	な	に	の	た	で
10行目	す	じ	て	る	う	み	ん	き

お米は何からできているの。お米は田んぼで育てる稲の実です。春に田んぼに植えた稲は、秋になると実をたくさんつけて垂れ下がり、人がお辞儀をしているようです。

②

1行目	く	ま	い	め	だ	す	ど	なぜ
2行目	な	ま	と	で	す	の	あ	ぜ
3行目	る	に	た	す	お	せ	す	あ
4行目	こ	な	い	も	ん	が	る	せ
5行目	と	り	お	し	ど	で	と	を
6行目	も	い	ん	あ	を	る	あ	か
7行目	あ	し	は	せ	さ	の	せ	く
8行目	り	き	た	が	げ	は	が	の
9行目	ま	が	か	で	る	か	で	う
10行目	す	な	い	な	た	ら	ま	ん

なぜ汗をかくの。運動すると汗が出ます。汗が出るのは、体の温度を下げるためです。もし、汗が出ないと、体温は高いままになり、意識がなくなることもあります。

3
3-36

1行目	の	ん	の	ら	が	よ	や	さ	い	う
2行目	か	で	な	で	た	り	こ	や	う	ま
3行目	お	い	か	お	べ	く	ま	こ	の	の
4行目	は	ま	に	お	や	す	も	く	の	か
5行目	な	す	た	き	す	り	つ	も	た	お
6行目	が	そ	く	な	い	つ	は	つ	べ	は
7行目	い	れ	さ	は	の	ぶ	か	で	も	な
8行目	の	で	ん	が	で	す	み	す	の	ぜ
9行目	で	う	な	く	た	ほ	き	く	は	な
10行目	す	ま	ら	ち	い	う	る	さ	く	が

ウマの顔はなぜ長い。ウマの食べ物は草や穀物です。草や穀物は、かみ切るよりもすりつぶす方が食べやすいので、平らで大きな歯が口の中にたくさん並んでいます。それで、ウマの顔は長いのです。

4
3-37

1行目	と	の	は	つ	い	そ	れ	ひ	ら	け
2行目	あ	で	ふ	て	つ	い	て	つ	れ	い
3行目	た	さ	つ	い	ぽ	け	い	じ	て	と
4行目	た	む	く	る	ん	が	ま	の	い	は
5行目	か	い	ら	の	の	か	す	け	る	な
6行目	く	と	と	で	け	ら	ひ	か	の	に
7行目	な	き	し	す	い	み	つ	ら	け	か
8行目	り	に	て	け	と	あ	じ	つ	い	ら
9行目	ま	き	い	い	に	つ	の	く	と	っ
10行目	す	る	る	と	な	て	ほ	ら	は	く

毛糸は何から作られているの。毛糸はヒツジの毛から作られています。ヒツジの細い毛が絡み合って、一本の毛糸になっているのです。毛糸はふっくらとしているので、寒い時に着ると暖かくなります。

39

⑤
3-38

1行目	ち	ず	あ	ら	や	か	つ	は	か	ひ
2行目	そ	し	り	も	ひ	し	ひ	ざ	な	な
3行目	う	な	ま	ち	し	り	よ	な	る	ま
4行目	も	ど	す	を	も	ま	に	に	の	つ
5行目	よ	は	そ	か	ち	す	も	ん	ひ	り
6行目	う	る	し	ざ	そ	ひ	も	な	に	に
7行目	い	ら	て	る	れ	な	の	よ	ま	は
8行目	し	し	ち	こ	に	あ	は	う	つ	な
9行目	ま	い	ら	と	さ	ら	な	と	り	に
10行目	す	ご	し	も	く	れ	を	い	に	を

ひな祭りには何を飾るの。ひな祭りには、ひな人形と一緒に桃の花を飾ります。ひなあられやひし餅、それに桜餅を飾ることもあります。そして、ちらし寿司など春らしいごちそうも用意します。

⑥
3-39

1行目	し	し	べ	も	る	せ	な	わ	ぎ	せ
2行目	く	く	ん	の	と	み	か	せ	り	み
3行目	み	み	と	が	う	の	に	て	す	の
4行目	が	が	い	ふ	ろ	か	な	は	な	な
5行目	は	あ	う	た	こ	ら	く	せ	き	く
6行目	つ	り	も	つ	の	だ	し	ま	な	し
7行目	た	ま	の	み	よ	を	く	す	か	く
8行目	つ	す	で	え	う	は	み	が	の	み
9行目	し	お	こ	ま	す	な	ら	を	せ	こ
10行目	て	す	の	す	か	の	み	ね	を	お
11行目	い	は	し	こ	た	ほ	つ	は	を	ろ
12行目	る	こ	た	れ	ち	う	て	か	こ	ぎ
13行目	の	の	に	は	を	か	い	ら	す	や
14行目	で	な	な	ふ	し	ら	ま	だ	り	き
15行目	す	く	く	く	た	み	す	の	あ	り

セミの鳴く仕組み。コオロギやキリギリスは、背中の羽をこすり合わせて鳴きますが、セミは体の中に鳴く仕組みを持っています。セミの体を腹の方から見ると、うろこのような形をしたものが二つ見えます。これは腹弁というもので、この下に鳴く仕組みがあります。オスはこの鳴く仕組みが発達しているのです。

7

3-40

	1	2	3	4	5	6	7	8	9
1行目	あ	な	が	な	お	し	け	る	も
2行目	わ	り	ら	み	こ	き	し	も	と
3行目	せ	よ	た	と	な	た	ご	の	さ
4行目	る	う	べ	い	わ	り	と	く	な
5行目	こ	び	た	う	れ	の	を	し	も
6行目	と	や	り	と	て	ひ	す	て	つ
7行目	が	は	の	さ	い	と	る	は	の
8行目	お	な	ん	く	ま	つ	と	じ	か
9行目	お	の	だ	ら	し	で	き	ま	み
10行目	く	さ	り	の	た	き	の	り	さ
11行目	な	き	す	は	い	ま	た	ま	ま
12行目	り	ぐ	る	な	ま	つ	い	し	を
13行目	ま	あ	こ	を	で	た	せ	た	む
14行目	し	い	と	み	は	ひ	つ	は	か
15行目	た	に	と	な	は	に	な	た	え

なぜ花見をするの。花見は、もともと作物の神様を迎えるものとして始まりました。畑仕事をする時の大切なしきたりの一つで、決まった日に行われていました。今では、花見というと桜の花を見ながら食べたり飲んだりすることとなり、曜日や花の咲き具合に合わせることが多くなりました。

9 お話を書きとめよう

問題の進め方

聞こえてくるお話を、全部書きとめる練習です。「、」や「。」、そして行を変える場所も言います。改行した場所は、1字下げて書き始めます。文字を間違えた時は×をして、書き直します。

① 下書きの時は、漢字を使うことよりも速く書きとめることを第1としてください。

② 下書きの時、改行する場所がわかるように、書き始めに印をさせるのもいいでしょう。

③ 清書では、できるだけ漢字を使い、忘れた漢字は辞書などで調べさせてもいいでしょう。

指導のポイント

「聞きながら書きとめる」という練習で、書き続ける集中力や根気を育てます。書く力をつける練習は書写だけではありません。

過半数のお子さんにとって、始めのうちは、全文を書きとめるのは難しいと思います。それでもかまいません。**聞き取れたところだけを清書させてください。**何回か練習するうちに、書きとめられる量が増えてきます。

下書きを清書することで、お子さんは自分の聞き取り能力の上達を自分で確認することができます。清書では**習った漢字をできるだけ使う**ようにしてください。また、**清書する時、消しゴムを使う回数に目標をつける**と、注意深く写すようになります。

お子さんが「今日は頑張って書けた」と言った時は、おうちの方も一緒に喜んであげることが**大切**です。「あと5点で満点だったんだから、もう少し頑張ればよかったのに」というような**マイナス的な評価は避けてください。**

採点について

採点は減点法で行います。満点は**50点**です。
「、」や「。」といった句読点や文字の脱落は、1カ所につき**1点減点**します。
1文節程度の脱落は1カ所につき**4点減点**します。
解答の文章で、ふりがなのついていない漢字は、小学1年生で習う漢字です。ただし、習う漢字と習わない漢字の混ざっている熟語には、熟語全体にふりがなをつけています。採点する時の参考にしてください。

2 「舌にはどんな役目があるの」

舌には、食べたものをうまく飲み込めるようにする役目があります。また、舌は声を出す時にも使います。舌を指で押さえて動かないようにして声を出そうとしても、うまく声を出すことはできません。舌が動かないと、はっきりした声が出ないのです。舌は口の中でいろいろな形に動いて、違う声を出しています。

きれいな声で鳴く小鳥たちも舌を使っています。でも、虫の口には舌がありません。虫は舌を使わない方法で鳴いているのです。

1 「耳をふさぐとなぜよく聞こえないの」

柱や鉄棒に耳をつけてたたくと、音がよく聞こえます。音は物を伝わっていくのです。人の話し声や車の音など、いろいろな音が聞こえるのは、音が空気を伝わっていくからです。

ところが、耳の穴を指で押さえたり、栓をしたりすると、音が栓をしたところで止まってしまって、耳の奥へ入りません。このように、空気の通り道をじゃますると、音が伝わらなくなりよく聞こえないのです。

4 「どんなゆめを見るの」

人はだれでもゆめを見ます。ゆめの中には、よく覚えているゆめと、すっかり忘れてしまうゆめがあります。よく覚えているゆめは、目が覚めるすぐ前に見たゆめです。よく寝ている時に見たゆめは覚えていません。

うれしいことがあったからといって、うれしいゆめを見るとは限りません。また、こんなゆめを見たいと思っても見ることはできません。どんなゆめになるかわからないのです。

みなさんも知っている「不思議の国のアリス」のお話はアリスの見たゆめのお話です。

3 「なぜあくびが出るの」

元気に動いている時や、一生懸命何かをしている時はあくびは出ません。

では、あくびが出るのはどんな時なのでしょうか。あくびは夜遅くなると自然に出ます。運動したあとや同じ姿勢で同じことを続けている時も出ます。勉強中もあくびが出ることがあります。

疲れたり、たいくつしたりすると、脳のはたらきがにぶくなり、脳の酸素が足りなくなります。それで、脳に酸素を送るためにあくびが出るのです。

5

3-45

「よごれた水はどこへ行くの」

みなさんが使ったあとのよごれた水には、どんな水があり
ますか。トイレを使ったあとや食器を洗ったあと、それに洗
濯をしたあとにもよごれた水は出ます。

これらの水は地面の下にある下水道を通って、下水処理場
へ運ばれます。そこには大きなプールがあり、流れてきた水
をためています。ここで、よごれた水のゴミや泥を取り除き、
薬を入れたり、太陽に当てたりしてバイ菌を殺します。こう
やってきれいにした水を海に流します。

6

3-46

「電車のタイヤは何でできているの」

電車のタイヤのことを車輪といいます。この車輪ははがね
という丈夫な鉄でできています。電車はとても重いものです。
それにたくさんの人が乗るともっと重くなります。そのよう
に重いものを乗せて走る車輪が、もしゴムでできていたら、
すぐにすり減ってしまいます。だから丈夫で壊れにくいもの
を使うのです。

でも、レールも鉄でできているので、電車が走ると大きな
音を立てるのが欠点です。

10 お話をおぼえよう

問題の進め方

聞こえてくるお話をよく聞いて、あとの質問に答えます。ここではメモを取らずに、覚えて答える練習をします。

①音声を聞く時は、机の上を片づけ、消しゴムなどで遊ばないようにします。壁に向かって座ると、より集中できます。

② 書かれている内容が、明らかに判読できれば、多少の誤字・脱字は正解としてください。

指導のポイント

お話を最後まで集中して聞けるようになっているかを確認する問題です。お話を聞いて登場人物や出来事などを答えます。どんなお話かをイメージできればいいので、それほど細部についての質問はありません。

　お話を聞いている途中で、お子さんがしばしば目を外を向けたり、机上のもので遊んだりすることがあります。こんな時、お子さんの前や横にスマートフォンを置くよりも、**本人の後ろにスマートフォンを置いて操作する**ほうが、よく集中できることがあります。

　情報は音、つまり声しかないので、どこから聞こえても条件は同じように思うかもしれません。しかし、**後ろから音が聞こえてくると、情報の発信源が見えないので、耳だけに意識が向き集中度が高くなります。**

　日々の生活の中で、短い集中を何度も経験することで、**長い時間の集中ができるように**なります。

採点について

　それぞれの問題は1問**2点**です。
　解答の中には、下線が引いてあることばを書いていれば、正解とするものもあります。下線が2つあるものは、どちらか片方だけでも正解とします。

45

1 まさお君の病気 その1

3-47

　まさお君は朝から寒くて仕方がありません。お兄さんとお父さんは、もう学校や会社に行ったのですが、まさお君はまだベッドの中でじっとしたままです。ドアのところでお姉さんの呼ぶ声がしました。「早く起きて朝ごはんを食べに来なさい」。

　まさお君は「う～ん」と小さな声で返事をしましたが、まだ目をつむったままです。今度はお母さんの声がしました。「どうしたの。早く起きなさい」。でも、まさお君はさっきと同じように「う～ん」と言っただけです。お母さんが「どうしたの」と言って、まさお君の手を握るとすぐに、「熱があるみたい」と言いました。お母さんは急いで体温計を持ってくると、まさお君の熱を計りました。しばらくして、お母さんは体温計を見ながら「すぐにお医者さんに行きましょう」と言いました。

　まさお君はお母さんに手伝ってもらって着替えました。それから、お母さんは病院へ行くために、ガレージに行って車を出そうとしました。ところが、車がありません。ハンドルの調子が悪くて、昨日から修理に出しているのをすっかり忘れていたのです。そこで、お母さんはあわててタクシー会社に電話しました。タクシーが来るまでの間、まさお君は家の玄関に座り、お母さんは家の前に出て待っていました。すぐにタクシーが来ました。お母さんは運転手さんに「市民病院まで行ってください。今、子どもを連れてきますから」と言って、まさお君を呼びに行きました。

　お母さんがまさお君に靴を履くように言っていると、運転手さんが来てまさお君を抱きかかえてくれました。運転手さんはタクシーまでまさお君を運びながら、「靴を忘れないようにしてください」とお母さんに言いました。お母さんがタクシーに乗ると、車は病院に向かって走り出しました。

① 1番最初に、まさお君を起こしに来たのはだれですか。	① **お姉さん**	2点
② 体温計を持ってきたのはだれですか。	② **お母さん**	2点
③ ガレージに車がなかったのはどうしてですか。	③ **修理に出していたから**	2点
④ まさお君はどうやってタクシーのところまで行きましたか。	④ **運転手さんに抱いて運んでもらった**	2点
⑤ タクシーが来るまでの間、まさお君はどこで待っていましたか。	⑤ **家の玄関**	2点

2 まさお君の病気　その2

3-48

　まさお君たちがタクシーに乗ってから、15分くらいで市民病院に着きました。お母さんは運転手さんにお礼を言ってお金を払い、まさお君を病院の待合室に連れていきました。それから、お母さんは受付に行って、診察の手続きをしました。受付の順番は3番だったので、診察室の近くで待つことにしました。しばらくするとまさお君の名前が呼ばれて、お母さんも一緒に診察室に入りました。お医者さんは、まさお君のおじいさんと同じくらいの年のような感じがしました。お医者さんはまさお君に「どうしたのかな」と、やさしく聞きました。まさお君は「朝からすごく寒いんです」と、自分で答えました。そのあと、お母さんが熱のことなどを説明しました。お医者さんは、まさお君のからだを診察しながら、お母さんにいろいろなことを聞きました。まさお君はそんな様子を見ながら、もし、注射をすることになったらどうしよう、と心配になってきました。

　まさお君は注射が大嫌いです。「チクッ」とするだけだったら、ガマンできるかもしれない。でも、もし、太い注射だったらどうしよう。泣くかもしれない。でも泣いたら格好悪いし、などとあれこれ考えていたのです。

　ところが、お医者さんは「鼻水も出ていないし、せきもしていないので、今日1日寝ていれば、明日には熱も下がるでしょう。お薬を2日分出しておきますから、薬局でもらってください」と言いました。それを聞いたまさお君は「よかったあ」と、思わず声を出してしまいました。そのあと、薬局でお薬をもらってタクシーで帰りました。

　まさお君は家に着くと、すぐにお薬を飲みました。少しすっぱくてぶどうジュースみたいな味がしました。夕方になると熱も下がり、晩ごはんをおいしく食べることができました。おかずはまさお君の大好きな肉じゃがでした。次の日の朝には熱はすっかり下がり、いつものように学校に行くことができました。

① まさお君の診察は何番でしたか。

① **3番**　　2点

② まさお君は何を心配していましたか。

② **注射をされるかもしれないこと**　2点

③ お薬はどんな味がしましたか。

③ **少しすっぱくてぶどうジュースみたいな味**　2点

④ その日の夕食のおかずは何でしたか。

④ **肉じゃが**　2点

⑤ お薬は何日分出ましたか。

⑤ **2日分**　2点

11 メモをとろう

問題の進め方

お話を聞きながら、自分にとって大事だと思うところをメモする問題です。お話のあとの質問に答える時、自分のメモを見て答えていきます。何をメモしたかも重要なことなので、メモを取る時は消しゴムを使わないようにしてください。

①問題の始めに言われるクラス指定をきちんと確認してから本文を始めてください。

② 書かれている内容が、明らかに判読できれば、多少の誤字・脱字は正解としてください。

指導のポイント

自分にとって必要なものを見極める練習です。内容のどの部分が重要で、どの部分は必要ないのかをすぐに判断してメモしなければなりません。そして、**ことばを凝縮し、速く簡単に書くことが要求されます。**ことばを凝縮する技術が上達すると、多くの情報を書きとめられるようになります。

情報を取捨選択する練習をしてきたお子さんは、授業の聞き方が上手です。**音声を聞いてメモすること、この練習が授業を上手に聞く力を育てます。**

始めの頃は、「大事なことをメモしなさい」と言っても、理解できないかもしれません。そんな時はこのように**具体的に**説明してあげてください。

「○○ちゃん、あなたは○組の日直です。クラスの代表として、お知らせを聞きに行くことになりました。あなたが聞いてきたことを、後でみんなに伝えなければならないので、聞きながら大事なことを書きとめてください。メモする時は速く書くことが大切です。例えば、水曜日と言われてそのとおり水曜日と書いていては、次のことばが書けなくなります。あとで自分が見てわかればいいので、速く、簡単に書く工夫をしてください」。

始めのうちはうまくメモが取れないお子さんも、**後半になると要点を押さえたメモを取れるようになっていきます。**

採点について

満点は**10点**です。
（　）内のことばは、なくてもかまいません。

1

3-49

本文の放送を始める前にあなたのクラスを決めます。あなたのクラスは2組とします。2組のあなたにとって大事だと思うことをメモしてください。あとで質問します。

＜クラス遠足のお知らせ＞

来月5月11日の月曜日はクラス遠足です。行き先はクラスごとに違います。1組の行き先は動物園です。2組は水族館に行きます。3組はスポーツ広場です。次に登校時間と集合場所をお知らせします。登校時間は8時20分です。普段の登校時間より早くなっているので、遅れないように気をつけてください。集合する場所は体育館です。いつものように教室に行かないようにしてください。続いて持ち物についてお知らせします。水筒は全員持ってきてください。それから、動物園と水族館に行く人はノートと色鉛筆も持ってきてください。スポーツ広場に行く人はタオルと帽子を持ってきてください。

もし朝から雨の時は遠足は中止します。全員、国語と音楽の用意をして、いつもの時間に登校してください。

これでクラス遠足のお知らせを終わります。

① クラス遠足は何月何日ですか。

① 5月11日（月曜日）　2点

② その日の集合場所はどこですか。

② 体育館　2点

③ あなたのクラスの行き先はどこですか。

③ 水族館　2点

④ あなたは水筒のほかに何を持っていきますか。

④ ノートと色鉛筆　各1点

⑤ 雨で遠足が中止になった時は、何を持って登校しますか。

⑤ 国語と音楽（の用意）　各1点

11 メモをとろう

本文の放送を始める前にあなたのクラスを決めます。あなたのクラスは3組とします。3組のあなたにとって大事だと思うことをメモしてください。あとで質問します。

＜運動会の応援練習のお知らせ＞

　これから運動会の応援練習についてお知らせします。始めに、日にちや時間の説明をします。日にちは9月25日火曜日です。時間は5時間目と6時間目です。次に練習する場所についてお知らせします。練習はクラス別に行います。1組は体育館の北側を使います。2組は体育館の南側です。そして、3組は運動場の東側を使います。4組は運動場の西側を使ってください。練習の時は、全員鉢巻きと旗を忘れずに持ってきてください。5時間目の始まりのチャイムが鳴ったら全員体操服に着替え、自分のクラスの練習場所に集合してください。それから6時間目の始まりのチャイムが鳴ったら、全員運動場の朝礼台の前に集まってください。1組〜4組の全員で合同練習を始めます。合同練習は2時50分に終わる予定です。練習が終われば、全員自分のクラスに戻ってください。

　最後に雨の時についてお知らせします。雨の時は練習は中止します。代わりに9月28日の金曜日に練習を行います。

　これで運動会の応援練習のお知らせを終わります。

① 応援練習は何月何日にありますか。

① **9月25日（火曜日）** 2点

② あなたの最初の集合場所はどこですか。

② **運動場の東側** 2点

③ 練習の時持っていくものは何ですか。

③ **鉢巻きと旗** 各1点

④ 1組〜4組の合同練習はいつですか。

④ **6時間目** 2点

⑤ 雨の時はいつになりますか。

⑤ **9月28日（金曜日）** 2点

3-51

本文の放送を始める前にあなたのクラスを決めます。あなたのクラスは2組とします。2組のあなたにとって大事だと思うことをメモしてください。あとで質問します。

＜学芸会のお知らせ＞

みなさん、おはようございます。今日は10月9日水曜日です。これから来月11月10日に行う学芸会についてお知らせします。1年生と2年生は同じクラス同士が一緒になって劇をします。1年1組と2年1組の人は「七匹の子ヤギ」の劇をします。1年2組と2年2組の人は「白雪姫」、そして、1年3組と2年3組の人は「つるの恩返し」の劇をします。劇の配役やセリフ、係や作るものなどについてのくわしい説明を、今日の4時間目に行います。説明をする教室を言いますので、3時間目の授業が終わったら、全員言われた教室へすぐに行ってください。「つるの恩返し」の劇をする人は図書室に行ってください。「七匹の子ヤギ」の劇をする人は音楽室です。そして、「白雪姫」の劇をする人は図工室に行ってください。説明を聞きに行く時は、筆箱と色鉛筆を忘れずに持っていってください。劇の準備や練習は来週の10月14日月曜日から始めます。

これで学芸会についてのお知らせを終わります。

① 劇の練習は何月何日から始まりますか。

| ① 10月14日（月曜日） | 2点 |

② 劇についての説明は何時間目にありますか。

| ② 4時間目 | 2点 |

③ あなたのクラスでは何という劇をしますか。

| ③ 白雪姫 | 2点 |

④ あなたが説明を聞きに行く教室はどこですか。

| ④ 図工室 | 2点 |

⑤ 説明を聞きに行く時、何を持っていきますか。

| ⑤ <u>筆箱</u>と<u>色鉛筆</u> | 各1点 |

11 メモをとろう

本文の放送を始める前にあなたのクラスを決めます。あなたのクラスは3組とします。3組のあなたにとって大事だと思うことをメモしてください。あとで質問します。

＜お店訪問についてのお知らせ＞

みなさん、おはようございます。今日はみなさんが楽しみにしている、お店訪問についてお知らせします。まず始めに、お店を訪問する日と時間について説明します。1組と2組の人は明日6月1日の火曜日で、3時間目と4時間目に行きます。3組と4組の人はあさって6月2日の水曜日に行きます。時間は2時間目と3時間目です。行き先は駅前商店街の中にある、4軒のお店を予定しています。クラスごとにそれぞれ違う種類のお店を訪問します。1組はパン屋さん、2組は花屋さんです。そして3組は果物屋さん、4組は魚屋さんに行きます。次に、お店訪問する時の持ち物についてお知らせします。エプロンは全員持ってきてください。それから、行くお店によってそれぞれ別に持ってくるものがあります。パン屋さんに行く人は帽子とマスク。果物屋さんに行く人はお皿と軍手。魚屋さんに行く人は長ぐつとタオルです。そして花屋さんに行く人は軍手と帽子を持ってきてください。学校から駅前商店街に行くのに、行きは電車を使いますが、帰りはバスで帰ってくる予定です。乗り物の切符は学校で用意します。

これでお店訪問についてのお知らせを終わります。

① あなたのクラスの行き先はどこですか。

① 果物屋さん	1点

② 持っていくものは何ですか。

② エプロンとお皿と軍手	各1点

③ あなたがお店に行くのは何月何日ですか。

③ 6月2日（水曜日）	2点

④ 行きは何に乗って行きますか。

④ 電車	2点

⑤ 帰りは何に乗って帰りますか。

⑤ バス	2点

5

本文の放送を始める前にあなたのクラスを決めます。あなたのクラスは1組とします。1組のあなたにとって大事だと思うことをメモしてください。あとで質問します。

＜写生大会のお知らせ＞

あさって、10月5日木曜日は全校写生大会です。これから1年生〜3年生までの低学年について説明します。写生大会は2時間目〜4時間目までを使って行います。写生する場所はクラスごとに次のようになっています。1組は運動場の鉄棒の周りです。2組は校門の花壇の周りです。そして3組は中庭の鳥小屋の周りで写生してください。次に、絵を描く道具について説明します。1組のみなさんはクレパスあるいはクレヨンのどちらかを使って描いてください。2組の人は絵の具かコンテのどちらかで描いてください。3組の人は色鉛筆かクーピーペンシルを使って描いてください。画用紙は学校から1人1枚ずつ配ります。1時間目が終わったら、各クラスの日直さんは画用紙を図工室まで取りに来てください。それから画用紙を教室まで持って帰り、クラスの全員に配ってください。最後に注意しておくことがあります。写生は学校の中でしてください。校門から外に出てはいけません。

雨の時についてお知らせします。もし、朝から雨が降っていても、写生大会は予定通り行いますので、写生の道具は忘れずに持ってきてください。教室で先生の顔を描くことにします。

これで写生大会のお知らせを終わります。

① あなたのクラスはどこの周りで写生をしますか。

① （運動場の）鉄棒の周り　2点

② 写生大会は何月何日のいつありますか。

② 10月5日（木曜日）の2時間目〜4時間目　各1点

③ あなたは何を使って絵を描けばよいのですか。

③ クレパスあるいはクレヨン　各1点

④ その日が雨の時は何をしますか。

④ （教室で）先生の顔を描く　各1点

⑤ 注意することとして、どんなことがありましたか。

⑤ 写生は学校の中でする（校門から外に出ない）　2点

本文の放送を始める前にあなたの班を決めます。あなたの班は4班とします。4班のあなたにとって大事だと思うことをメモしてください。あとで質問します。

＜発育測定のお知らせ＞

　みなさん、おはようございます。今日は6月4日、虫歯予防デーです。毎日、歯をきれいに磨いていますか。先週からみなさんにお知らせしていますように、今日の2時間目は発育測定です。これから記録カードを配ります。記録カードをもらったら、すぐに名前と日付を書いてください。測定するのは身長・体重・座高の3つです。みなさんがバラバラに測定に行くと混雑しますので、班ごとに測定する順番を決めます。

　1班と4班の測定の順番は、身長・体重・そして最後に座高です。

　2班と5班は体重・座高・身長の順番に測定します。

　3班と6班は座高・身長・体重の順番になります。

　身長と座高を測定する時は、背中をしっかり伸ばしてください。曲げていると正しい測定ができません。測定は体育館で行います。体育館に行く時、記録カードと体育館シューズを忘れずに持っていってください。測定が終われば、記録カードを出入り口横の箱に入れてから教室に戻ってください。教室に戻ったら自分の席につき、静かに待っていてください。

　これで発育測定のお知らせを終わります。

① 発育測定はどこでしますか。

①	
体育館	2点

② 記録カードをもらったらどうしますか。

②	
名前と日付を書く	各1点

③ あなたの測定の順番はどうなっていますか。

③	
身長・体重・座高	2点

③は完全解答

④ 身長や座高を測る時、どんな事に注意しますか。

④	
背中を（しっかり）伸ばす	2点

⑤ 測定が終わったら記録カードはどうしますか。

⑤	
（出入り口横の）箱に入れる	2点

本文の放送を始める前にあなたの班を決めます。あなたの班は6班とします。6班のあなたにとって大事だと思うことをメモしてください。あとで質問します。

＜工作教室のお知らせ＞

　これから来週11月7日土曜日の、工作教室について説明をします。工作教室では、みなさんの身近にある材料を使って、動くおもちゃを作ります。作り方を教えてくださるのは、科学クラブの人たちです。この日は班ごとに分かれて、3つのおもちゃを作ります。1班と2班はびっくり箱を作ります。3班と6班はモーターボートを作ります。4班と5班はレーシングカーです。これから、みなさんが用意する材料を言います。モーターボートを作る班の人は、ペットボトルを2本と輪ゴムを8本持ってきてください。レーシングカーを作る班の人は石けんの箱を1個と短い鉛筆を4本です。びっくり箱を作る班の人は、牛乳パックを1つとマッチ箱を3個用意してください。そのほかに全員が持ってくるものとして、のり・セロハンテープ・ハサミがあります。大きな材料や特別な材料は、科学クラブの人たちが用意してくださいます。この日は土曜日なので登校時間はいつもより遅い9時15分です。登校したら自分の教室ではなく、理科室に行ってください。理科室のテーブルには班の番号を書いたカードを貼っておきます。みなさんは自分の班の番号が貼ってあるテーブルに行ってください。なお、できあがった作品は、その日は持って帰らないでください。今度の参観日まで廊下に展示します。

　これで工作教室のお知らせを終わります。

① あなたの班は何を作りますか。

| ① モーターボート | 2点 |

② のり、セロハンテープ、ハサミの他に、あなたが用意する材料は何ですか。

| ② <u>ペットボトル2本</u>と<u>輪ゴム8本</u> | 各1点 |

③ おもちゃの作り方を教えてくださるのはどんな人ですか。

| ③ 科学クラブの人（たち） | 2点 |

④ その日の登校時間は何時ですか。

| ④ 9時15分 | 2点 |

⑤ なぜ、作品をすぐに持って帰れないのですか。

| ⑤ （参観日まで廊下に）展示するから | 2点 |

11 メモをとろう

本文の放送を始める前にあなたの組を決めます。あなたの組は1組とします。1組のあなたにとって大事だと思うことをメモしてください。あとで質問します。

＜人形劇鑑賞についての説明＞

みなさん、おはようございます。これから明日2月8日の人形劇について説明をします。みなさんが楽しみにしている人形劇は、3時間目と4時間目に図書館の視聴覚教室を使って行います。図書館では次のように座ってください。1組は窓側の列の席です。次に2組は真ん中の列の席です。最後に3組は廊下側の列の席に座ってください。後ろの席があまりますが、みなさんは勝手に座らないでください。その席には、町内のおじいさん、おばあさんが座られます。まず始めにみなさんが席に着きます。その後、お招きしたおじいさん、おばあさんが入ってこられます。その時は拍手でお迎えします。おじいさん、おばあさんのみなさん全員が席に着かれるまで、拍手を続けてください。

校長先生の挨拶の後、人形劇は始まります。1番目の劇は「ジャックと豆の木」です。そして、トイレ休憩の後、2番目の劇「舌切り雀」を始めます。人形劇は12時10分に終わる予定です。劇が終わった時、1度に出ると混雑しますので、次の順に出ることにします。まず最初は、お招きしたおじいさん、おばあさんに出ていただきます。次に3組の人が出ます。そして2組の人が出て、最後に1組の人が出ます。会場から出たらすぐに自分の教室に戻ってください。

これで人形劇鑑賞についての説明を終わります。

① 2番目の劇は何ですか。

① 舌切り雀   2点

② 1番目の劇は何ですか。

② ジャックと豆の木   2点

③ 劇が終わる時間は何時ですか。

③ 12時10分   2点

④ あなたの席はどの列ですか。

④ 窓側（の列）   2点

⑤ 人形劇は明日のいつありますか。

⑤ 3時間目と4時間目   2点

12 やさしい算数

問題の進め方

算数の文章題を聞いて、1問ごとに式と答えを書く問題です。

問題を忘れてしまった時は、いくら解答時間を長くしても答えられるものではありません。その問題をとばして、次に進んでください。そして、1度採点をしてから、もう1度、とばした問題に取り組ませてください。

①問題を聞いている時は、鉛筆を持たないで、問題の数字などをメモできないようにしてください。

②お子さんが答えを書く時間が足りない時は、音声を一時停止にしてください。

指導のポイント

この問題では、

① 問題を覚えること　② 式を立てること　③ 計算をすること

とかなりの集中力が要求されます。「12＋3＝」と聞かれて、口答で即答できるお子さんでも、文章題を聞いてから式を作って答えるのには、時間がかかります。問題を思い出しながら内容を整理するからです。

文章題を解く時は、その内容が十分理解できないと式が立てられません。「計算問題は得意なんだけれど、文章題になるとよく間違える」というお子さんの場合、**読解力が不足していて解けない**ことが多々あります。例えば、「5人バスから降りました」が、引き算を意味していると理解できていないのです。**文章題を解く力を上げるには、読解力の向上が必要です。**問題を聞いてすぐに式が立てられるのは、内容の流れを理解している証拠です。

ここでは、聞いた問題を自分の頭の中で整理することを目的としているので、**問題の難易度は基本～標準まで**となっています。発展問題や難問を解いてもらうのが目的ではありません。

採点について

1問につき、式と答えがそれぞれ**各1点**です。

1
3-57

① つよし君が折り紙で帽子を折っています。昨日、4枚折りました。今日は1枚折りました。帽子は全部で何枚になりましたか。

式　4＋1＝5

答え　5まい

② 食パンが5枚あります。その中からお父さんが2枚食べます。食パンは何枚残りますか。

式　5－2＝3

答え　3まい

③ 冷蔵庫にヨーグルトが1個入っています。お母さんが近くのお店で3個買ってきて、冷蔵庫に入れました。今、冷蔵庫にヨーグルトはいくつ入っていますか。

式　1＋3＝4

答え　4こ

④ 駐車場に車が3台とめてあります。しばらくすると車が4台入ってきてその横に並びました。今、駐車場に車は何台とめてありますか。

式　3＋4＝7

答え　7だい

⑤ 庭の木にスズメが6羽とまっています。まりこさんがドアを開けたので、音に驚いたスズメは4羽飛んでいきました。今、木にとまっているのは何羽ですか。

式　6－4＝2

答え　2わ

⑥ 公園の砂場で女の子が4人遊んでいます。しばらくすると男の子が6人やって来て一緒に遊び出しました。今、砂場に何人いますか。

式　4＋6＝10

答え　10にん

2

⑦ 赤い花が5本咲きました。白い花も5本咲きました。花は全部で何本咲きましたか。

式　　5+5＝10

答え　　10ぽん

⑧ ヒツジが小屋の中に4頭います。雨が降ってきたので、外にいた8頭が小屋の中に入ってきました。今、小屋の中にヒツジは何頭いますか。

式　　4+8＝12

答え　　12とう

⑨ かごの中にボールが15個入っています。先生が来てボールを10個持っていきました。かごの中にボールは何個残っていますか。

式　　15−10＝5

答え　　5こ

⑩ いちごが18個ありました。けいこさんがおやつに9個食べました。いちごはいくつ残っていますか。

式　　18−9＝9

答え　　9こ

⑪ 家族でお花見に行くのでおにぎりを16個作ります。今までに7個作りました。あと何個作ればよいでしょう。

式　　16−7＝9

答え　　9こ

⑫ 鉛筆が12本あります。キャップを鉛筆にかぶせていくと、4個たりませんでした。キャップは何個ありましたか。

式　　12−4＝8

答え　　8こ

3
3-59

⑬ 絵本が15冊あります。マンガの本は5冊あります。どちらの本が何冊多いですか。

式　　15−5＝10

答え　　えほんが10さつ
おおい

⑭ 子どもが16人います。あんパンとジャムパンではどちらが好きか聞くと、あんパンの好きな人が7人いました。あとの人はジャムパンが好きだそうです。ジャムパンの好きな人は何人いますか。

式　　16−7＝9　　　　　　　　答え　　9にん

⑮ ゆきこさんがお姉さんと2人でコマを作っています。ゆきこさんは8個作りました。お姉さんは9個作りました。コマは合わせていくつできましたか。

式　　8＋9＝17

答え　　17こ

⑯ まさる君が計算問題を解いています。今、20問解き終わりました。ひろし君はまさる君より2問多く解いています。ひろし君は何問解きましたか。

式　　20＋2＝22

答え　　22もん

⑰ 赤い風船が8個あります。白い風船は赤い風船より4個多くあるそうです。白い風船は何個ありますか。

式　　8＋4＝12

答え　　12こ

⑱ 赤組と白組で玉入れをしました。白組は赤組より1個多くて、9個入ったので赤組に勝ちました。赤組は何個入ったのでしょう。

式　　9−1＝8

答え　　8こ

4

⑲ セミが木に15匹とまっています。そのうち8匹はメスです。オスのセミは何匹とまっていますか。

式 　15－8＝7

答え　　7ひき

⑳ おじさんが魚釣りに行きました。フナとコイを合わせて14匹釣りました。そのうち8匹がフナでした。コイは何匹釣りましたか。

式 　14－8＝6

答え　　6ぴき

㉑ なつこさんはお手玉を7個持っています。おばさんから何個かもらったので、全部で15個になりました。おばさんから何個もらったのでしょう。

式 　15－7＝8

答え　　8こ

㉒ お父さんとおじいさんが竹の子掘りに行きました。お父さんは5本掘りました。おじいさんは12本掘りました。お父さんがあと何本掘ると、おじいさんと同じ数になるでしょう。

式 　12－5＝7　　　　　答え　　7ほん

㉓ みのる君はお兄さんと2人で図書館に行って、本を全部で18冊借りました。みのる君は7冊借りました。お兄さんは何冊借りましたか。

式 　18－7＝11

答え　　11さつ

㉔ バラの花が咲きました。赤色が3本、黄色が5本咲きました。そして白いバラが1本咲きました。バラの花は全部で何本咲きましたか。

式 　3＋5＋1＝9

答え　　9ほん

5
3-61

㉕ バスにお客さんが4人乗っています。次のバス停で2人乗ってきました。その次のバス停では1人乗ってきました。今、バスにお客さんは何人乗っていますか。

式　　4＋2＋1＝7

答え　　7にん

㉖ ハトが木に10羽とまっています。イヌが来たので4羽びっくりして飛んでいきました。今度はイヌが吠えたので、また2羽飛んでいきました。今、木にとまっているハトは何羽ですか。

式　　10－4－2＝4

答え　　4わ

㉗ リスがくるみを集めています。昨日までに8個集めました。今日の朝に2個集めました。そして今3個集めました。くるみは全部で何個になりましたか。

式　　8＋2＋3＝13

答え　　13こ

㉘ 公園に子どもが16人遊んでいました。しばらくすると8人帰りました。すると別の2人も「おなかがすいた」と言って帰りました。今、公園で遊んでいるのは何人ですか。

式　　16－8－2＝6

答え　　6にん

㉙ お店で帽子を売っています。はじめ10個ありました。午前中に7個売れました。そしてお昼には3個売れました。今、お店に帽子は何個残っていますか。

式　　10－7－3＝0

答え　　0こ

㉚ 家族でハイキングに行くので、おにぎりを12個作ります。私が4個作り、お母さんが8個作りました。あと何個作ればよいでしょう。

式　　12－4－8＝0

答え　　0こ

㉛ たかし君が栗を18個拾いました。そのうち弟に 4 個、友だちに 6 個あげました。たかし君は今、栗を何個持っていますか。

式　　18－4－6＝8

答え　　8こ

㉜ バスにお客さんが 7 人乗っています。バス停で 3 人降りましたが、5 人乗ってきました。今、バスにお客さんは何人乗っていますか。

式　　7－3＋5＝9

答え　　9にん

㉝ たかこさんが縄跳びの練習をしています。1 回目は30回跳べました。2 回目は25回跳べました。合わせて何回跳べましたか。

式　　30＋25＝55

答え　　55かい

㉞ 金魚が水槽に14匹います。まさる君はお祭りの金魚すくいで 8 匹すくい、そのうち 3 匹を友だちにあげました。そして残りの金魚を水槽に入れました。今、水槽には金魚は何匹いますか。

式　　8－3＝5　　14＋5＝19　　答え　　19ひき

㉟ 赤組と白組で玉入れをしました。赤組は53個入りました。白組は50個でした。どちらの組がいくつ多く入りましたか。

式　　53－50＝3　　答え　　あかぐみが3こ
　　　　　　　　　　　　　　　おおくはいった

㊱ みちこさんは折り紙を13枚持っています。お姉さんはみちこさんより 2 枚少なく持っています。ふたりの折り紙の数を合わせると、何枚になりますか。

式　　13－2＝11　　13＋11＝24

答え　　24まい

● 監修者・著者紹介

和田秀樹（わだ ひでき）

　1960年大阪市生まれ。1985年東京大学医学部卒業。東京大学医学部付属病院精神神経科、老人科、神経内科にて研修、国立水戸病院神経内科および救命救急センターレジデント、東京大学医学部付属病院精神神経科助手、アメリカ、カール・メニンガー精神医学校国際フェロー、高齢者専門の総合病院である浴風会病院の精神科を経て、現在、川崎幸病院精神科顧問、一橋大学経済学部非常勤講師、ルネクリニック（アンチエイジングとエグゼクティブカウンセリングに特化したクリニック）院長。

　1987年の『受験は要領』がベストセラーになって以来、大学受験の世界のオーソリティとしても知られ、代表を務める緑鐵受験指導ゼミナールは毎年無名校から東大合格者を出し、話題となっている。また、教育関連、受験産業、介護問題、時事問題など多岐に渡るフィールドで精力的に活動し、テレビ、ラジオ、雑誌など様々なマスメディアにもアドバイザーやコメンテーターとして出演。

　著書も『受験は要領』（PHP文庫）『和田式勉強のやる気をつくる本』（学研）など多数。

村上裕成（むらかみ ひろしげ）

　同志社大学工学部機械工学第二学科卒。サクラクレパス入社。1980年北山学園設立。平安女学院大学幼児教育研究センター招聘研究員。育児と学習技術のアドバイザーとして活躍している。

　子どもたちには学習指導を中心に行い、また、幼稚園や小学校、大学などでは保護者・学生・社会人を対象に「聞く力は一生の財産」「学力を育てる遊びベスト5」など幅広いテーマで講演活動を行っている。講演先は、香港・オランダ・アメリカなど海外の日本人幼稚園・学校へも広がっている。

　2014年〜2017年の4年間インドのバンガロールに啓学ゼミナールを開校。その間バンガロール・カナディアン・インターナショナル・スクール日本語クラス及びバンガロール日本人補習校の講師も務める。京都市出身。

ホームページ　https://kikukiku.jp
Eメール　kikukikudrill1-3@kkd.biglobe.ne.jp

● 「11　メモをとろう」の作成にあたり、
　元大谷大学教育学部教授　塩見知利先生のご協力をいただきました。

※クーピーペンシル・クレパスは、(株)サクラクレパスの登録商標です。

□ DTP　㈱シーキューブ
□ 本文レイアウト・デザイン　アトリエウィンクル
□ イラスト　よしのぶもとこ

シグマベスト
きくきくドリル　STEP 3
入学準備[発展]編

本書の内容を無断で複写（コピー）・複製・転載することを禁じます。また，私的使用であっても，第三者に依頼して電子的に複製すること（スキャンやデジタル化等）は，著作権法上，認められていません。

Ⓒ和田秀樹・村上裕成　2023　　Printed in Japan

監修者　和田秀樹
著　者　村上裕成
発行者　益井英郎
印刷所　中村印刷株式会社
発行所　株式会社文英堂

〒601-8121　京都市南区上鳥羽大物町28
〒162-0832　東京都新宿区岩戸町17
（代表）03-3269-4231

●落丁・乱丁はおとりかえします。

ききとり ノート

ノート

おやこで
いっしょに

きくきく
ドリル

STEP 3
入学準備編
［発展］

文英堂

Σ BEST シグマベスト

おやこで
いっしょに

きくきく
ドリル

STEP **3**
入学準備編
[発展]

ききとり
ノート

文英堂

もくじ

1 お話のどこがへん

● おうちの方へ、このページはおうちの方が使います。1問ごとに音声を一時停止にしてください。

お話を　聞いて、その　お話の　中の　へんな　ところを
直しましょう。へんな　ところは　1つとは　かぎりません。

例 │ よるになったので、へやのでんきをつけたら、くらくなった。

くらくなった
（別解 でんきをつけたら）

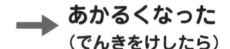

あかるくなった
（でんきをけしたら）

① お風呂のお湯がぬるくなってきたので、急いで水をいっぱい入れたら、今度は熱くなりすぎた。

② 服にボタンをつける時は、針とのりを使ってぬいつけます。

➡

③ 夏休みに、お兄さんと公園にセミ取りに行ったら、ひまわりの花が、白くきれいに咲いていた。

➡

④ 昨日で3月が終わったので、カレンダーをめくって2月のカレンダーに替えて、壁に掛けた。

➡

⑤ 年寄りの大工さんが、大きな金づちで太い木を半分に切っていた。

⑥ 先週の日曜日に、大好きなキリンを見に、おじさんに水族館に連れていってもらった。

➡

⑦ 春になり暖かくなってくると、海ではメダカやオタマジャクシが泳ぎ始めます。

➡

⑧ 私はお父さんとたこあげをしようと思い、2人で羽子板を持って広場へ出かけた。

➡

⑨ テレビの音がよく聞こえないので、テレビのボリュームを小さくしたら、よく聞こえるようになった。

➡

⑩ 小学生のまさる君は、お母さんにタマネギを買ってきてと頼まれたので、自動車を運転して買いに行った。

➡

⑪ 真っ白な消防自動車から、おまわりさんたちが降りてきて、火事を消し始めた。

➡

⑫ エスカレーターや電車に乗る時は、降りる人がみんな降りてから、待っていた人が乗ります。

➡

⑬ 夏が終わり、冬になって涼しくなってきたので、家族で近くの山まで栗拾いに行った。

➡

⑭ 大根やにんじんを切る時に、必ず使うものといえば、まな板とハサミです。

➡

⑮ クリスマスも終わり、もうすぐこどもの日なので、お母さんと一緒に、羽子板や鏡餅を部屋に飾りました。

➡

● おうちの方へ、このページはおうちの方が使います。1問ごとに音声を一時停止にしてください。

お話を　聞いて、その　お話の　中の　へんな　ところを
直しましょう。へんな　ところは　1つとは　かぎりません。

例

よるになったので、へやのでんきをつけたら、くらくなった。

くらくなった
（別解 でんきをつけたら）
➡ **あかるくなった**
（でんきをけしたら）

---

⑯ お正月を代表する遊びとして、羽根つきやカルタ取り、こま回しや虫取りなどがあります。
➡

⑰ 夕方散歩をしていると、隣のおじさんに会ったので、「おはようございます」と挨拶をした。
➡

⑱ 牧場ではたくさんの牛が自由に歩き回り、水を飲んだりお肉を食べたりしていた。
➡

⑲ 5時間目は体育です。パジャマに着替えたらすぐに運動場に集まってください。
➡

⑳ 大人の人がバスや電車に乗る時は、子ども用の切符を買わなければいけません。
➡

㉑ シンデレラのお話に出てくるものに、ネズミの御者、ガラスの靴、スイカの馬車などがあります。
➡

㉒ 夏も終わりになると、草むらではスズムシやてんとう虫が鳴き出します。

　　　　　　　　　　　　➡

㉓ 電池を買いに電気屋さんに行ったら、お店の人に「200円です」と言われたので、120円払いました。

　　　　　　　　　　　　➡

㉔ 学校で熱を出したゆきちゃんを迎えに行くため、お母さんはバスに乗り、運転手さんに「小学校まで行ってください」と言いました。

　　　　　　　　　　　　➡

㉕ お父さんは大好きなコーヒーを飲もうと思い、お気に入りのお皿に紅茶を入れ、ゆっくりお湯を注ぎました。

　　　　　　　　　　　　➡

㉖ 今朝、としお君が三輪車に乗ってみると、ブレーキが壊れていたので、すぐに自転車屋さんまで持っていった。

　　　　　　　　　　　　➡

㉗ お母さんと一緒にデパートに行ったゆりちゃんは、6階に行くためエレベーターに乗り、7のボタンを押した。

　　　　　　　　　　　　➡

㉘ 今夜は十五夜です。すすきを飾り、かしわ餅をお供えしていると、きれいな三日月が空に上がってきました。

　　　　　　　　　　　　➡

㉙ おじさんは昨日からアメリカに行くので、タオルや着替えなどの荷物をスーツケースに詰めて準備をしています。

　　　　　　　　　　　　➡

㉚ まきちゃんはいつも妹と一緒に学校に行きます。今日もいつものように朝8時に起き、妹と2人で7時に家を出ました。

　　　　　　　　　　　　➡

7

3-03

● おうちの方へ、このページはおうちの方が使います。1問ごとに音声を一時停止にしてください。

㋐・㋑の　2つの　お話を　聞きくらべ、ちがう　ところを
さがしましょう。

ちがう　ところは　1つとは　かぎりません。

ちがう　ところが　なければ、「合っている」と　答えましょう。

例

㋐　わたしの　おかあさんは　イヌが　すきです。

㋑　わたしの　おとうさんは　イヌが　すきです。

おかあさん⟷おとうさん

① 　

② 　

③ 　

④

⑤

⑥

⑦

⑧

⑨

⑩

⑪

⑫

9

がつ　　　　にち

もくひょう　｜　　　　　　　　　　32てん　｜
とくてん　｜｜｜｜｜｜｜｜｜｜｜｜｜
0　　　　12　　　　24　　　　36　　　　48

● おうちの方へ、このページはおうちの方が使います。1問ごとに音声を一時停止にしてください。

⑦・⑦の　2つの　お話を　聞きくらべ、ちがう　ところを
さがしましょう。

ちがう　ところは　1つとは　かぎりません。

ちがう　ところが　なければ、「合っている」と　答えましょう。

例	⑦	わたしの　おかあさんは　イヌが　すきです。
	⑦	わたしの　おとうさんは　イヌが　すきです。

おかあさん ⟷ おとうさん

⑬

⑭

⑮

⑯

⑰

⑱

⑲

⑳

㉑

㉒

㉓

㉔

● おうちの方へ、このページはおうちの方が使います。1問ごとに音声を一時停止にしてください。

お話が　おわったら、すぐに　くりかえして　言いましょう。

① 家の　鍵に　住所を　書いては　いけません。

② 昆虫の　足には　味を知る　しくみが　あります。

③ どろぼうを　防ぐために　鍵を　2つ　つけました。

④ カエルは　動くものなら　何でも　飲み込みます。

⑤ ダチョウの　たまごは　なしくらいの　大きさです。

⑥ 食用トマトと　ジュース用トマトでは　種類が　違います。

⑦ 2階の　戸締まりが　できているか　確認して　ください。

⑧ 深い　海にいる　魚は　赤や黒に　近い色を　しています。

⑨ 雨が　強く　降ってきたので　窓を　閉めて　ください。

⑩ 人の　体のことを　あれこれ　言うのは　よくないことです。

もくひょう　21てん
とくてん

0　6　12　18　24　30

● おうちの方へ、このページはおうちの方が使います。1問ごとに音声を一時停止にしてください。

お話が　おわったら、すぐに　くりかえして　言いましょう。

⑪ 昆虫(こんちゅう)の中で　1番　重い虫は　何ですか。

⑫ チョウは　前足の先で　味を　知ることが　できます。

⑬ アリの　体重は　どうやって　調べたら　いいですか。

⑭ チョウの羽は　燐(りん)ぷんが　あるので　雨が降っても　濡れません。

⑮ カタツムリは　晴れた日は　どうやって　過ごしていますか。

⑯ 種が　芽を出すには　水と　空気と　暖かさが　必要です。

⑰ 太鼓(たいこ)を　たたく　棒のことを　バチと　言います。

⑱ 金魚の　赤ちゃんは　黒っぽい　色を　しています。

⑲ 赤　青　黄色の中で　1番　目立つのは　赤色です。

⑳ 歩道の　真ん中で　立ち話を　してはいけません。

がつ　　　　にち

● おうちの方へ、このページはおうちの方が使います。1問ごとに音声を一時停止にしてください。

お話が　おわったら、すぐに　くりかえして　言いましょう。

㉑　だんご虫には　足は　何本　あるのですか。

㉒　ある　生き物の　命を　狙う　生き物を　天敵と　言います。

㉓　びんや　コップは　ぶつけないように　注意して　ください。

㉔　昆虫には　骨はなく　硬い皮が　体を　おおっています。

㉕　うすと　きねを　使って　する事といえば　何ですか。

㉖　人や　動物は　酸素の　ない所では　生きていけません。

㉗　ふきのとうを　食べると　ほろ苦い　味がします。

㉘　魚の　年齢は　うろこを　調べると　わかります。

㉙　梅雨の頃は　食べ物だけでなく　靴にも　カビが　生えます。

㉚　話を　聞く時は　話す人の　目を見て　聞きましょう。

もくひょう　　　　　　　　　　21てん
とくてん
0　　6　　12　　18　　24　　30

● おうちの方へ、このページはおうちの方が使います。1問ごとに音声を一時停止にしてください。

お話<ruby>はなし</ruby>が　おわったら、すぐに　くりかえして　言<ruby>い</ruby>いましょう。

㉛　お正月には　門松<ruby>かどまつ</ruby>や　しめ縄を　玄関に　飾ります。

㉜　カエルは　味や　臭<ruby>にお</ruby>いには　あまり　敏感<ruby>びんかん</ruby>では　ありません。

㉝　土を　耕すのは　土の中に　空気を　混ぜるためです。

㉞　川など　真水に棲<ruby>す</ruby>む　魚は　水を飲む　必要が　ありません。

㉟　トイレを　使った後は　必ず　手を洗いましょう。

㊱　昆虫<ruby>こんちゅう</ruby>の体は　頭胸腹の　3つの　部分から　できています。

㊲　出かける時は　ハンカチを　忘れずに　持っていきましょう。

㊳　電話を　かけた時は　相手の　都合を　聞いてから　話しましょう。

㊴　物を　食べたり　ガムを　噛<ruby>か</ruby>んだり　する時は　口<ruby>くち</ruby>を　閉じましょう。

㊵　人が　話している時に　話しかけては　いけません。

● 進みかたのれんしゅう

●に　鉛筆を　おきます。ここでは　左下に　書かれている
ことばに　あわせて、道を1つずつ　進みましょう。
つぎの　ページからは　音声で　進む　方向を　聞きながら
線を　ひきます。

れんしゅう　①

下に　書いてある　方向を
見ながら　点線を　たどり
ましょう。

右→上→右→右→上→左→
下→下→右→右（ゴール）

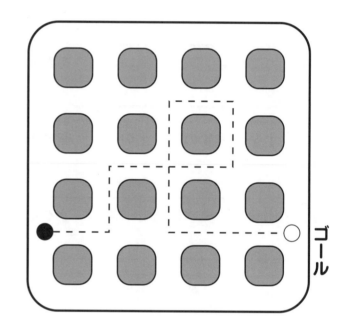

れんしゅう　②

下に　書いてある　方向を
見ながら　自分で　線を
ひきましょう。

左→下→右→下→右→右→
上→上→左→下→右→下→
右→上（ゴール）

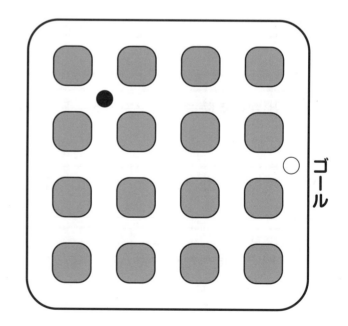

もくひょう 1もん
とくてん 1 2

●に　鉛筆を　おきます。音声 の　「上」「下」「右」「左」の声に
あわせて、道を1つずつ　進みます。ゴールは　①〜③のどこで
しょう。

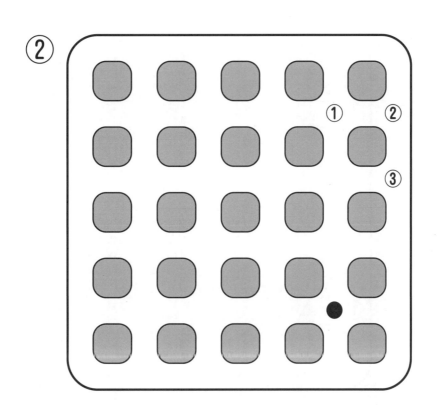

がつ　　　にち

もくひょう　1もん
とくてん　　1｜2

●に　鉛筆を　おきます。音声の　「上」「下」「右」「左」の声に
あわせて、道を1つずつ　進みます。ゴールは　①〜③のどこで
しょう。

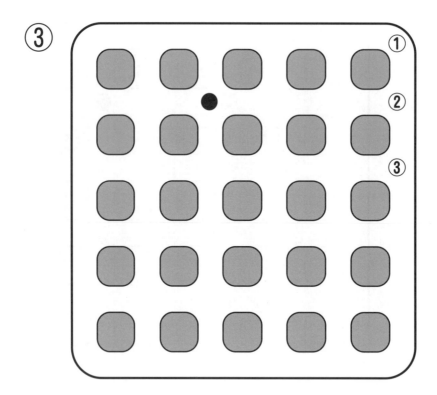

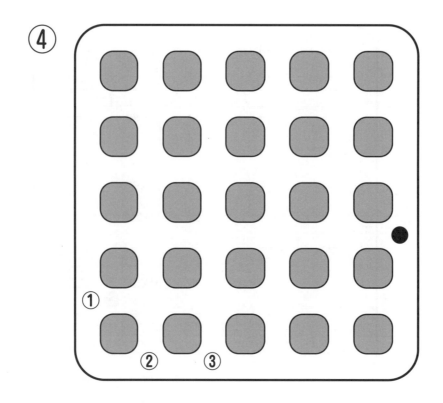

もくひょう 1もん
とくてん 1 2

●に　鉛筆を　おきます。音声の　「上」「下」「右」「左」の声に
あわせて、道を1つずつ　進みます。ゴールは　①〜③のどこで
しょう。

⑤
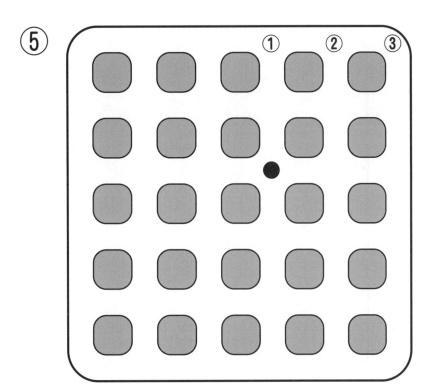

⑥
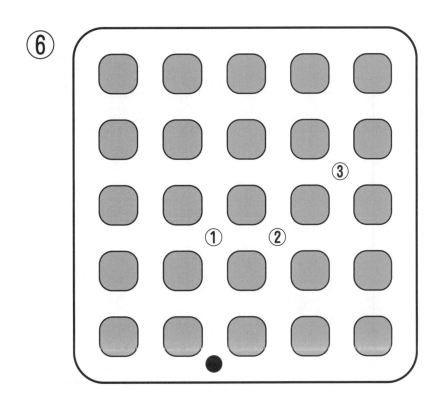

がつ　　　にち

●に　鉛筆を　おきます。音声の　「上」「下」「右」「左」の声に
あわせて、道を1つずつ　進みます。ゴールは　①〜③のどこで
しょう。

⑦

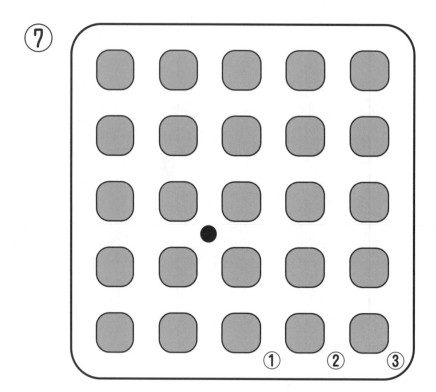

⑧

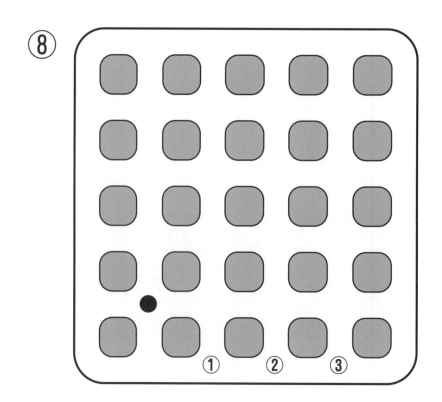

もくひょう　2もん
とくてん　1　2

●に　鉛筆を　おきます。音声の　「上」「下」「右」「左」の声に
あわせて、道を１つずつ　進みます。ゴールは　①〜③のどこで
しょう。

⑨

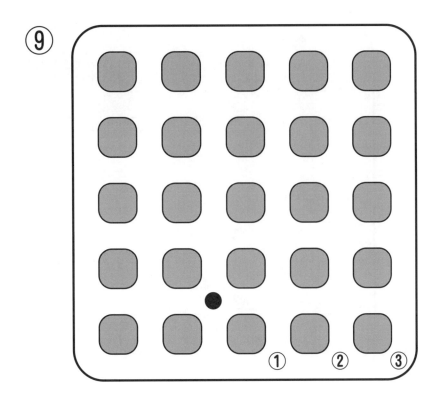

⑩

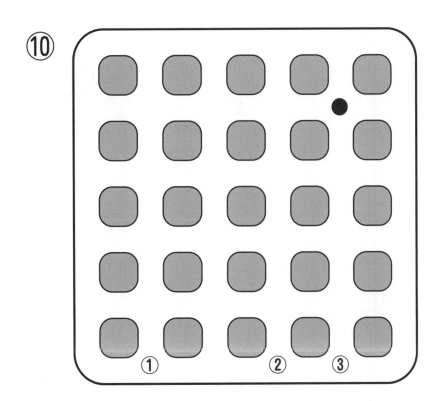

21

がつ　　　にち

もくひょう 2もん
とくてん 1 2

6

3-14

●に　鉛筆を　おきます。音声の　「上」「下」「右」「左」の声に
あわせて、道を1つずつ　進みます。ゴールは　①〜③のどこで
しょう。

⑪

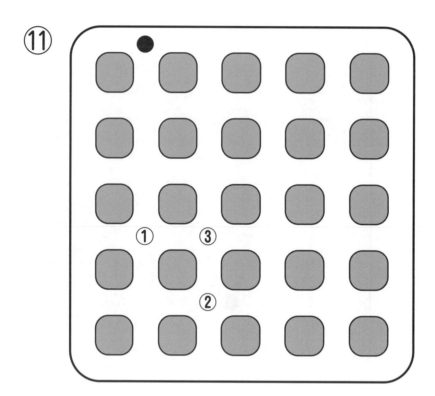

⑫

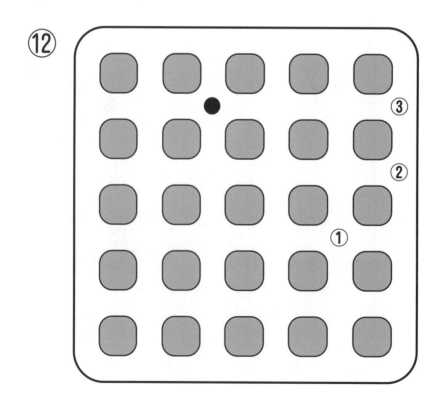

言われた　ところに　色を　ぬりましょう。

もんだいを　言っているときに　色鉛筆を　持ったり、

ぬる場所を　指で　おさえたり　しては　いけません。

① ○ ○ ○ ○ ○ ○ ○ ○ ○ ○

② □ □ □ □ □ □ □ □ □ □

③ △ △ △ △ △ △ △ △ △ △

④ ○ ○ ○ ○ ○ ○ ○ ○ ○ ○

⑤ □ □ □ □ □ □ □ □ □ □

⑥ △ △ △ △ △ △ △ △ △ △

⑦ ○ ○ ○ ○ ○ ○ ○ ○ ○ ○

⑧ □ □ □ □ □ □ □ □ □ □

⑨ △ △ △ △ △ △ △ △ △ △

⑩ ○ ○ ○ ○ ○ ○ ○ ○ ○ ○

だいじ

がつ　　　にち

3-16

もくひょう　　　　　　　　　　6もん
とくてん　1　2　3　4　5　6　7　8　9　10

言われた　ところに　色を　ぬりましょう。
もんだいを　言っているときに　色鉛筆を　持ったり、
ぬる場所を　指で　おさえたり　しては　いけません。

⑪

⑫

⑬

⑭

⑮

⑯

⑰

⑱

⑲

⑳

3-17

言われた　ところに　色を　ぬりましょう。
もんだいを　言っているときに　色鉛筆を　持ったり、
ぬる場所を　指で　おさえたり　しては　いけません。

㉑ ◯ ◯ ◯ ◯ ◯ ◯ ◯ ◯ ◯ ◯

㉒ □ □ □ □ □ □ □ □ □ □

㉓ △ △ △ △ △ △ △ △ △ △

㉔ ◯ ◯ ◯ ◯ ◯ ◯ ◯ ◯ ◯ ◯

㉕ □ □ □ □ □ □ □ □ □ □

㉖ △ △ △ △ △ △ △ △ △ △

㉗ ◯ ◯ ◯ ◯ ◯ ◯ ◯ ◯ ◯ ◯

㉘ □ □ □ □ □ □ □ □ □ □

㉙ △ △ △ △ △ △ △ △ △ △

㉚ ◯ ◯ ◯ ◯ ◯ ◯ ◯ ◯ ◯ ◯

がつ　　　にち

言われた　ところに　色を　ぬりましょう。

もんだいを　言っているときに　色鉛筆を　持ったり、

ぬる場所を　指で　おさえたり　しては　いけません。

㉛ ◯ ◯ ◯ ◯ ◯ ◯ ◯ ◯ ◯ ◯

㉜ □ □ □ □ □ □ □ □ □ □

㉝ △ △ △ △ △ △ △ △ △ △

㉞ ◯ ◯ ◯ ◯ ◯ ◯ ◯ ◯ ◯ ◯

㉟ □ □ □ □ □ □ □ □ □ □

㊱ △ △ △ △ △ △ △ △ △ △

㊲ ◯ ◯ ◯ ◯ ◯ ◯ ◯ ◯ ◯ ◯

㊳ □ □ □ □ □ □ □ □ □ □

㊴ △ △ △ △ △ △ △ △ △ △

㊵ ◯ ◯ ◯ ◯ ◯ ◯ ◯ ◯ ◯ ◯

5

もくひょう　6もん
とくてん　1　2　3　4　5　6　7　8　9　10

言われた　ところに　色を　ぬりましょう。
もんだいを　言っているときに　色鉛筆を　持ったり、
ぬる場所を　指で　おさえたり　しては　いけません。

㊶ ○ ○ ○ ○ ○ ○ ○ ○ ○ ○

㊷ □ □ □ □ □ □ □ □ □ □

㊸ △ △ △ △ △ △ △ △ △ △

㊹ ○ ○ ○ ○ ○ ○ ○ ○ ○ ○

㊺ □ □ □ □ □ □ □ □ □ □

㊻ △ △ △ △ △ △ △ △ △ △

㊼ ○ ○ ○ ○ ○ ○ ○ ○ ○ ○

㊽ □ □ □ □ □ □ □ □ □ □

㊾ △ △ △ △ △ △ △ △ △ △

㊿ ○ ○ ○ ○ ○ ○ ○ ○ ○ ○

だいじ

がつ　　　にち

もくひょう　　　　　　　　　　7もん
とくてん　1　2　3　4　5　6　7　8　9　10

3-20

言われた　ところに　色を　ぬりましょう。
もんだいを　言っているときに　色鉛筆を　持ったり、
ぬる場所を　指で　おさえたり　しては　いけません。

(51)

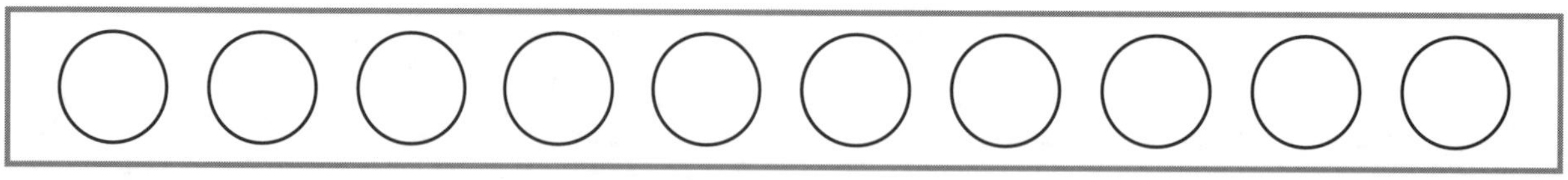

(52)

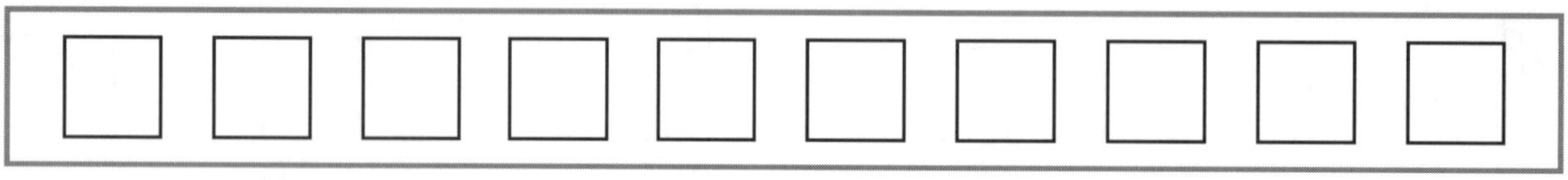

(53)

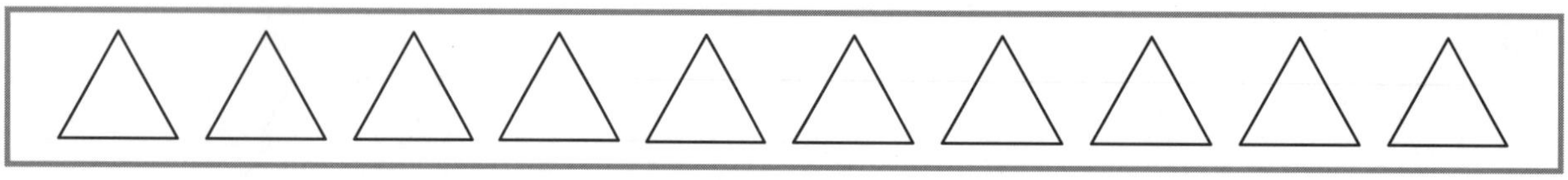

(54)

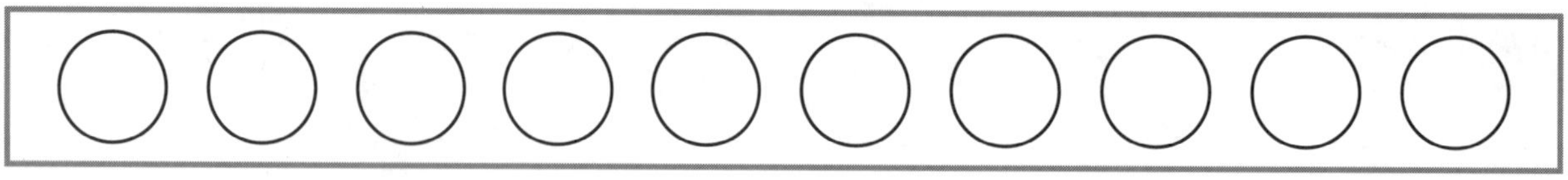

(55)

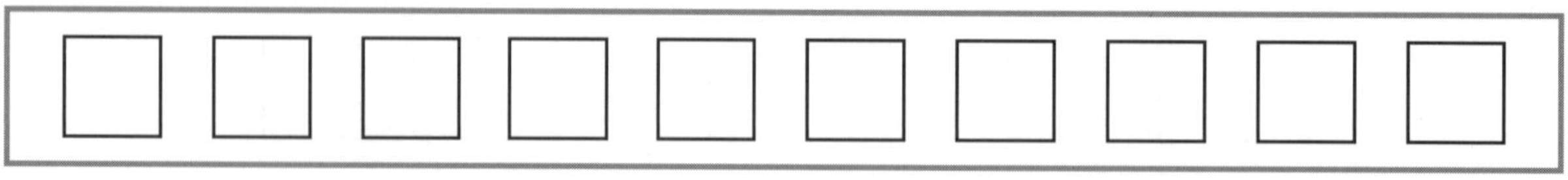

(56)

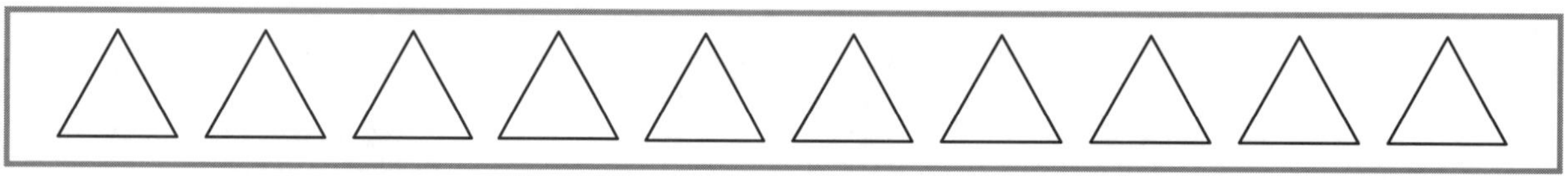

(57)

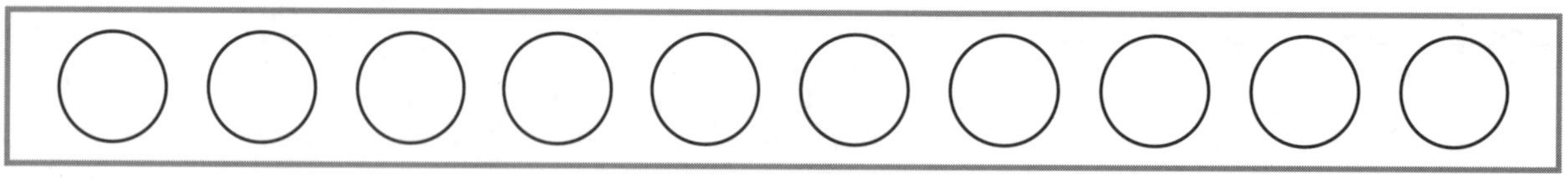

(58)

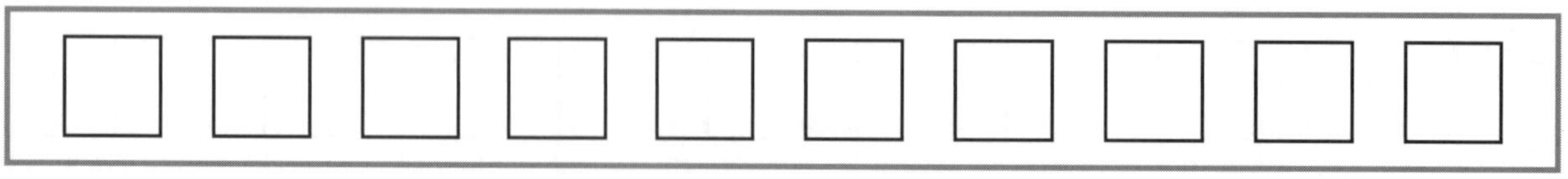

(59)

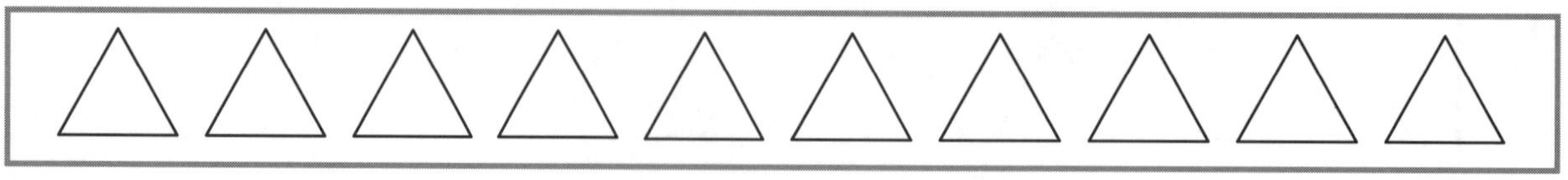

(60)

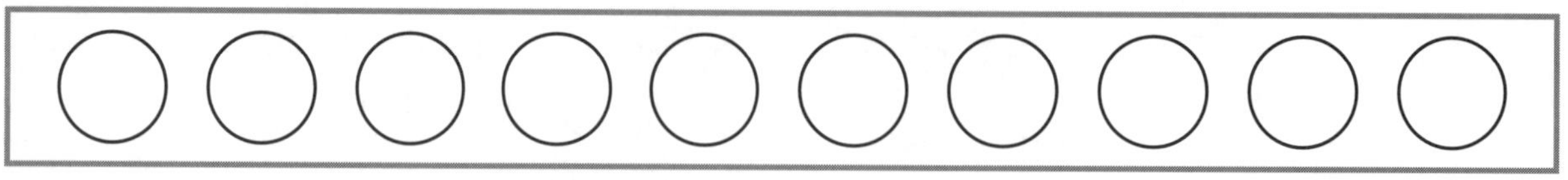

28

7

3-21

もくひょう	7もん									
とくてん	1	2	3	4	5	6	7	8	9	10

言(い)われた　ところに　色(いろ)を　ぬりましょう。
もんだいを　言(い)っているときに　色鉛筆(いろえんぴつ)を　持(も)ったり、
ぬる場所(ばしょ)を　指(ゆび)で　おさえたり　しては　いけません。

(61) ○ ○ ○ ○ ○ ○ ○ ○ ○ ○

(62) □ □ □ □ □ □ □ □ □ □

(63) △ △ △ △ △ △ △ △ △ △

(64) ○ ○ ○ ○ ○ ○ ○ ○ ○ ○

(65) □ □ □ □ □ □ □ □ □ □

(66) △ △ △ △ △ △ △ △ △ △

(67) ○ ○ ○ ○ ○ ○ ○ ○ ○ ○

(68) □ □ □ □ □ □ □ □ □ □

(69) △ △ △ △ △ △ △ △ △ △

(70) ○ ○ ○ ○ ○ ○ ○ ○ ○ ○

3-22

言われた　ところに　色を　ぬりましょう。

もんだいを　言っているときに　色鉛筆を　持ったり、

ぬる場所を　指で　おさえたり　しては　いけません。

⑦1 ◯ ◯ ◯ ◯ ◯ ◯ ◯ ◯ ◯ ◯

⑦2 ☐ ☐ ☐ ☐ ☐ ☐ ☐ ☐ ☐ ☐

⑦3 △ △ △ △ △ △ △ △ △ △

⑦4 ◯ ◯ ◯ ◯ ◯ ◯ ◯ ◯ ◯ ◯

⑦5 ☐ ☐ ☐ ☐ ☐ ☐ ☐ ☐ ☐ ☐

⑦6 △ △ △ △ △ △ △ △ △ △

⑦7 ◯ ◯ ◯ ◯ ◯ ◯ ◯ ◯ ◯ ◯

⑦8 ☐ ☐ ☐ ☐ ☐ ☐ ☐ ☐ ☐ ☐

⑦9 △ △ △ △ △ △ △ △ △ △

⑧0 ◯ ◯ ◯ ◯ ◯ ◯ ◯ ◯ ◯ ◯

● ぬりかたのれんしゅう

下の　ますめに　色を　ぬります。
した　　　　　　いろ
「いの3〜6」と　言われたら　例のように　「い」の行の
い　　　　れい　　　　　ぎょう
下から　数えて　3つ目から　6つ目までを　ぬります。
した　　かぞ　　　　　め　　　　　　　め

つぎの　ところを　ぬる　れんしゅうを　してみましょう。

れんしゅう

① うの2〜6　　② きの2・3　　③ しの5〜10

④ おの4〜7　　⑤ きの5〜7　　⑥ せの11〜14

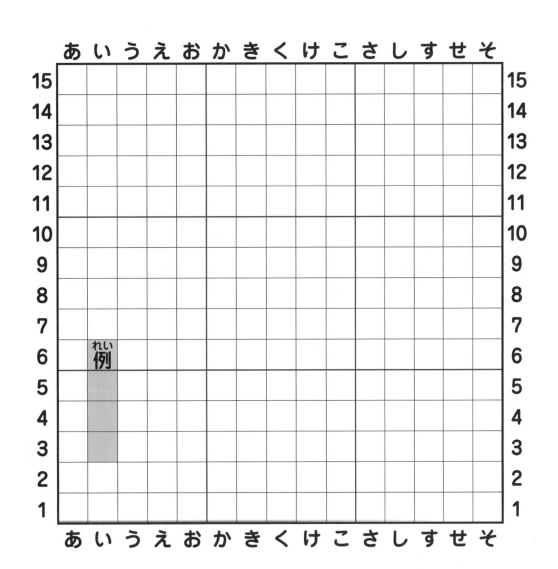

がつ　　　　にち

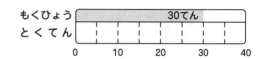

音声から　聞こえてくる　ますめの　場所を　ぬりましょう。

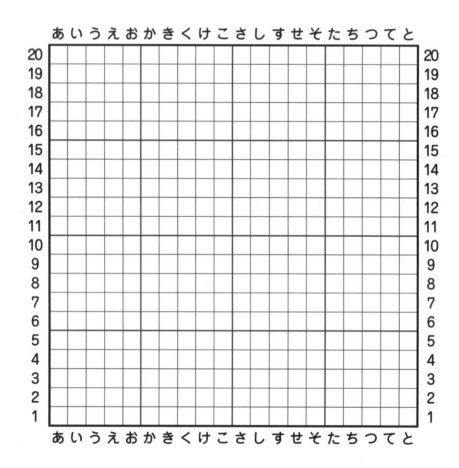

答え

2

もくひょう　30てん
とくてん

0　　10　　20　　30　　40

音声から　聞こえてくる　ますめの　場所を　ぬりましょう。

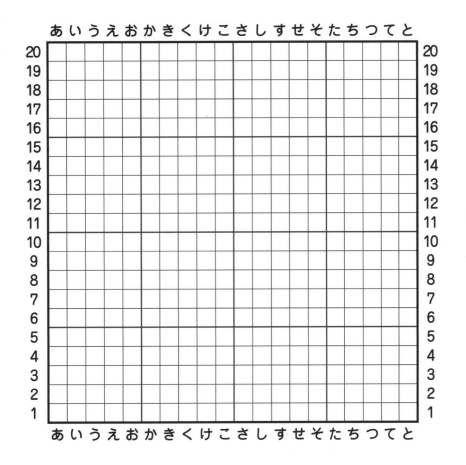

答え

音声から　聞こえてくる　ますめの　場所を　ぬりましょう。

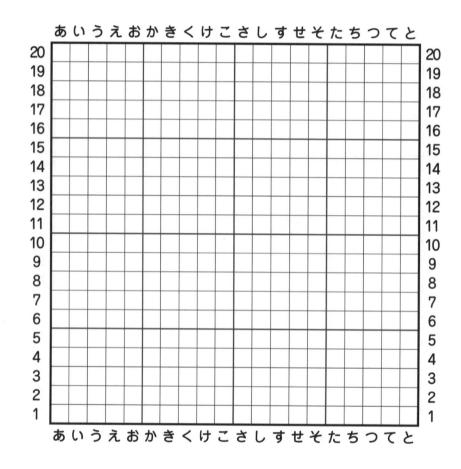

答え

3-26

もくひょう 　30てん
とくてん

0　　10　　20　　30　　40

音声から　聞こえてくる　ますめの　場所を　ぬりましょう。

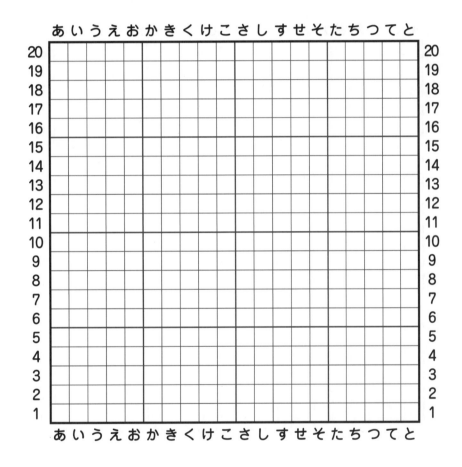

答え

35

3-27

がつ　　　　　にち

もくひょう　　　　　　　　30てん
とくてん
0　　10　　20　　30　　40

音声から　聞こえてくる　ますめの　場所を　ぬりましょう。

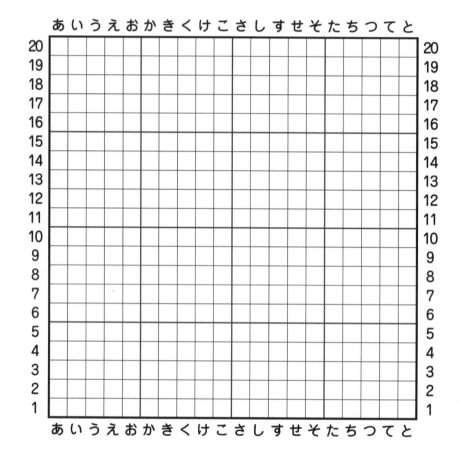

答え

36

3-28

おんせい　　　　　　き　　　　　　　　　　　　ばしょ
音声から　聞こえてくる　ますめの　場所を　ぬりましょう。

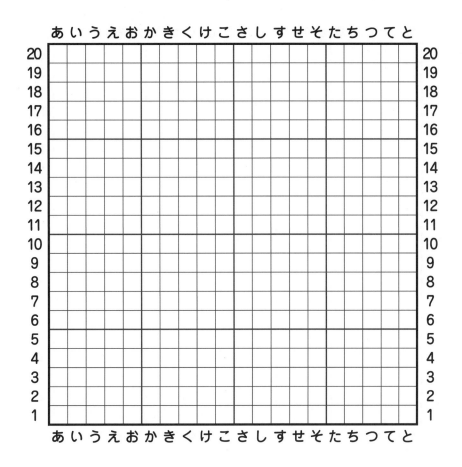

きみ　ファックス

がつ　　　　にち

もくひょう　　　　　　　30てん
とくてん
0　　10　　20　　30　　40

おんせい　　　　　　　　　き　　　　　　　　　　　　　　　　　　ばしょ
音声から　聞こえてくる　ますめの　場所を　ぬりましょう。

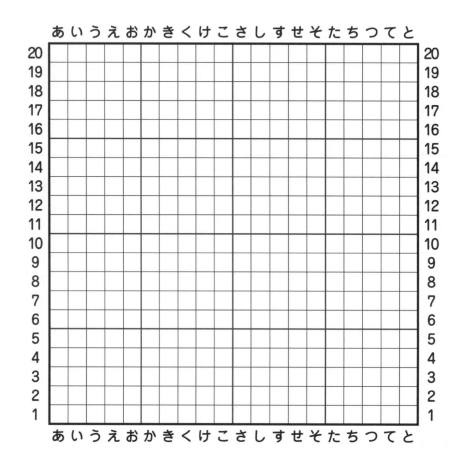

こた
答え

もくひょう										20てん								
とくてん																		

0　　　　　　　10　　　　　　20　　　　　30

聞こえてくる　ことばを　すぐに　書きましょう。

字を　まちがえた　ときは　×をして　書きなおしましょう。

消しゴムは　使いません。

▼ ここから　はじめます

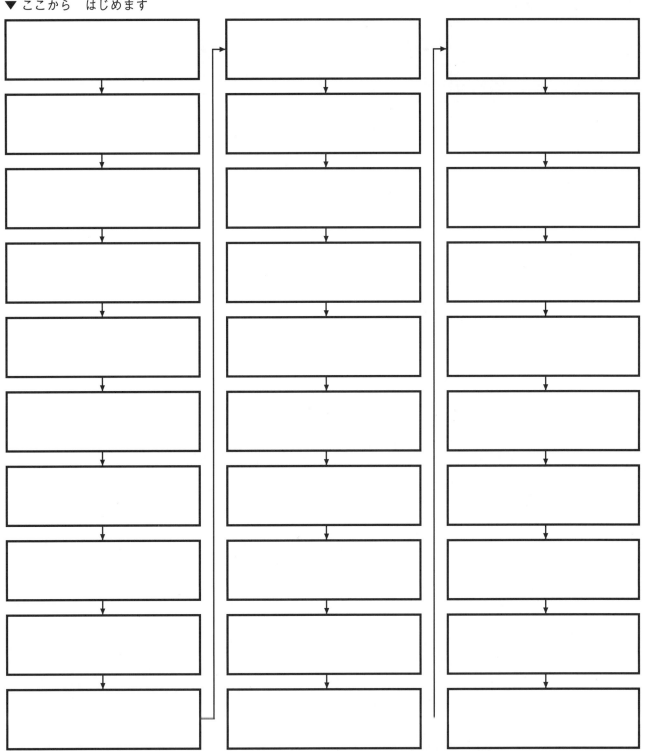

3-31

がつ　　　　にち

聞こえてくる　ことばを　すぐに　書きましょう。
字を　まちがえた　ときは　×をして　書きなおしましょう。
消しゴムは　使いません。

▼ ここから　はじめます

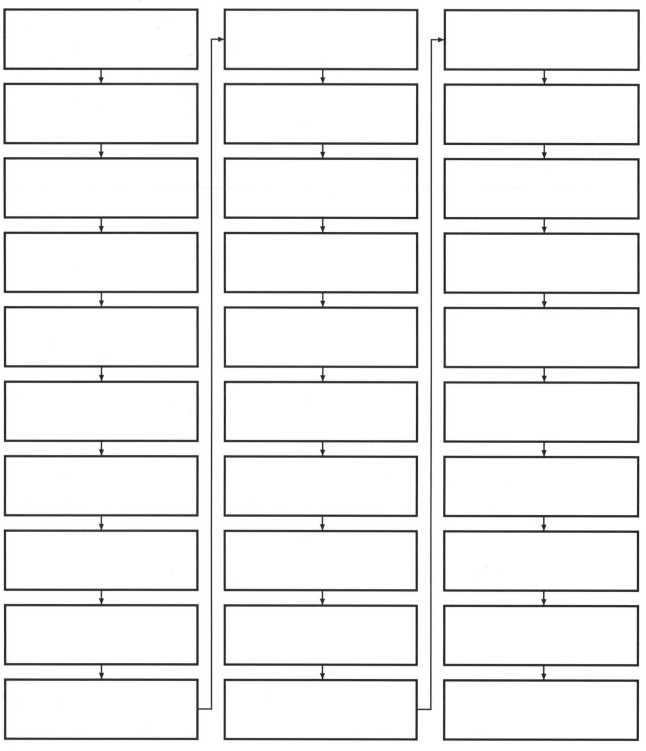

聞こえてくる　ことばを　すぐに　書きましょう。

字を　まちがえた　ときは　×をして　書きなおしましょう。

消しゴムは　使いません。

▼ ここから　はじめます

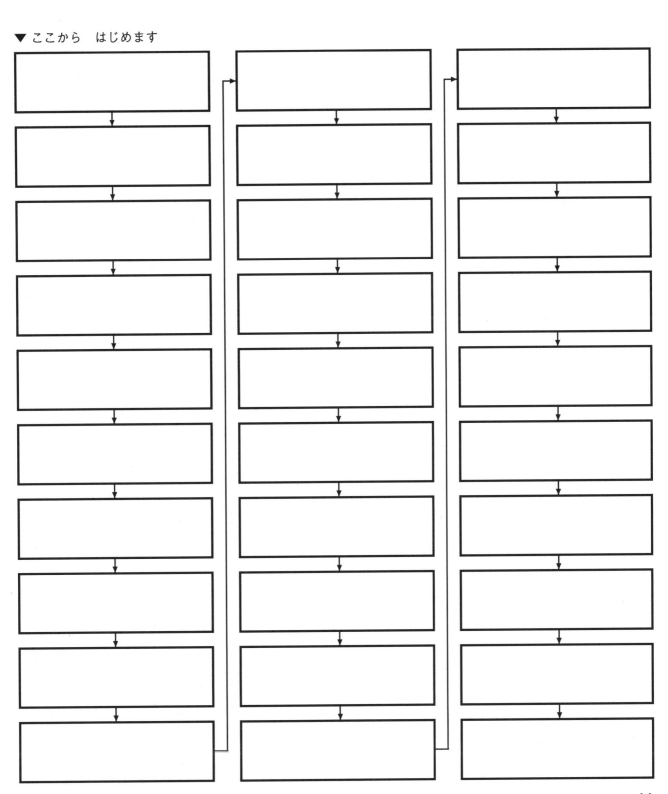

41

がつ　　　　にち

聞こえてくる　ことばを　すぐに　書きましょう。
字を　まちがえた　ときは　×をして　書きなおしましょう。
消しゴムは　使いません。

▼ ここから　はじめます

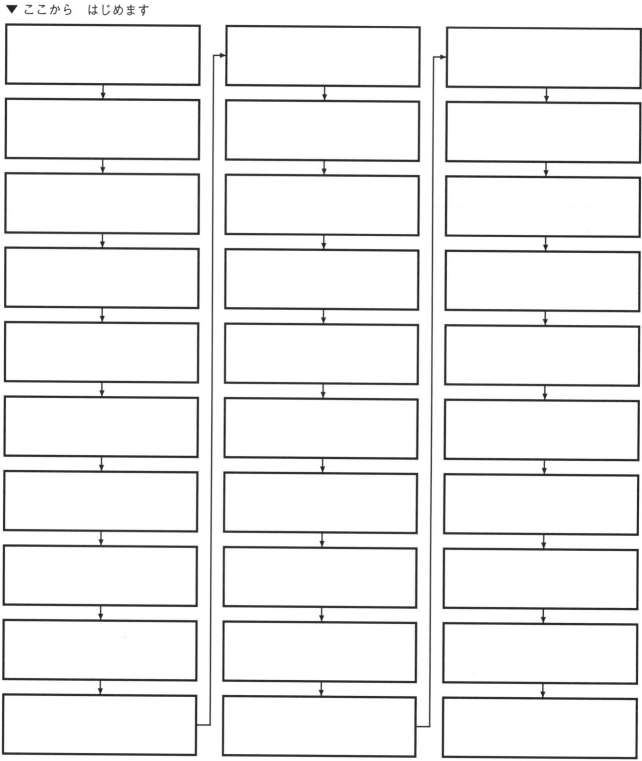

3-34

			30てん			
もくひょう
とくてん

0　　10　　20　　30　　40　　50

聞こえてくる　ことばを　左から　右へ　書いていきましょう。
字を　まちがえた　ときは　×をして　書きなおしましょう。
消しゴムは　使いません。

1 行目							
2 行目							
3 行目							
4 行目							
5 行目							
6 行目							
7 行目							
8 行目							
9 行目							
10 行目							

3-35

もくひょう　30てん
とくてん

0　　10　　20　　30　　40　　50

聞こえてくる　ことばを　左から　右へ　書いていきましょう。
字を　まちがえた　ときは　×をして　書きなおしましょう。
消しゴムは　使いません。

1行目							
2行目							
3行目							
4行目							
5行目							
6行目							
7行目							
8行目							
9行目							
10行目							

もくひょう　　　　　　　　　　35てん

とくてん

0　　10　　20　　30　　40　　50

聞こえてくる　ことばを　左から　右へ　書いていきましょう。
字を　まちがえた　ときは　×をして　書きなおしましょう。
消しゴムは　使いません。

1行目										
2行目										
3行目										
4行目										
5行目										
6行目										
7行目										
8行目										
9行目										
10行目										

4

3-37

もくひょう					35てん			
とくてん								

0　　　10　　　20　　　30　　　40　　　50

聞こえてくる　ことばを　左から　右へ　書いていきましょう。
字を　まちがえた　ときは　×をして　書きなおしましょう。
消しゴムは　使いません。

1行目									
2行目									
3行目									
4行目									
5行目									
6行目									
7行目									
8行目									
9行目									
10行目									

3-38

もくひょう　35てん
とくてん
0　10　20　30　40　50

聞こえてくる　ことばを　左から　右へ　書いていきましょう。
字を　まちがえた　ときは　×をして　書きなおしましょう。
消しゴムは　使いません。

1行目									
2行目									
3行目									
4行目									
5行目									
6行目									
7行目									
8行目									
9行目									
10行目									

がつ　　　にち

3-39

もくひょう　　　　　　　　　　　35てん
とくてん

0　　10　　20　　30　　40　　50

聞こえてくる　ことばを　左から　右へ　書いていきましょう。
字を　まちがえた　ときは　×をして　書きなおしましょう。
消しゴムは　使いません。

1行目									
2行目									
3行目									
4行目									
5行目									
6行目									
7行目									
8行目									
9行目									
10行目									
11行目									
12行目									
13行目									
14行目									
15行目									

7

3-40

聞こえてくる　ことばを　左から　右へ　書いていきましょう。
字を　まちがえた　ときは　×をして　書きなおしましょう。
消しゴムは　使いません。

1行目									
2行目									
3行目									
4行目									
5行目									
6行目									
7行目									
8行目									
9行目									
10行目									
11行目									
12行目									
13行目									
14行目									
15行目									

9 お話を書きとめよう

1

● おうちの方へ
　左ききのお子さんは、下書きと清書のページを逆にして使うと便利です。

聞こえてくる　お話を　すべて　書きとめましょう。
「　、」や「　。」、行をかえる　ところも　言います。
字を　まちがえた　ときは　×をして　書きなおしましょう。
消しゴムは　使いません。

したがき

「耳をふさぐとなぜよく聞こえないの」

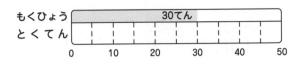

もくひょう　30てん
とくてん
0　10　20　30　40　50

左の　ページの　お話を　このページに　清書します。
できるだけ　漢字を　使って　書きましょう。
行をかえる　ところは　1字　下げて　書きはじめましょう。

（もくひょうじかん　8〜9分）

せいしょ

「耳をふさぐとなぜよく聞こえないの」

がつ　　　　にち

2

● おうちの方へ
左ききのお子さんは、下書きと清書のページを逆にして使うと便利です。

聞こえてくる　お話を　すべて　書きとめましょう。
「 、」や「 。」、行をかえる　ところも　言います。
字を　まちがえた　ときは　×をして　書きなおしましょう。
消しゴムは　使いません。

したがき

「舌にはどんな役目があるの」

52

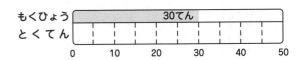

左の　ページの　お話を　このページに　清書します。

できるだけ　漢字を　使って　書きましょう。

行をかえる　ところは　1字　下げて　書きはじめましょう。

（もくひょうじかん　8〜9分）

せいしょ

「舌にはどんな役目があるの」

3-43

聞こえてくる　お話を　すべて　書きとめましょう。
「、」や「。」、行をかえる　ところも　言います。
字を　まちがえた　ときは　×をして　書きなおしましょう。
消しゴムは　使いません。

したがき

「なぜあくびが出るの」

左の　ページの　お話を　このページに　清書します。
できるだけ　漢字を　使って　書きましょう。
行をかえる　ところは　1字　下げて　書きはじめましょう。

（もくひょうじかん　8～9分）

せいしょ

「なぜあくびが出るの」

55

がつ　　　にち

3-44

● おうちの方へ
左ききのお子さんは、下書きと清書のページを逆にして使うと便利です。

聞（き）こえてくる　お話（はなし）を　すべて　書（か）きとめましょう。
「、」や「。」、行（ぎょう）をかえる　ところも　言（い）います。
字（じ）を　まちがえた　ときは　×（ばつ）をして　書（か）きなおしましょう。
消（け）しゴムは　使（つか）いません。

したがき

「どんなゆめを見（み）るの」

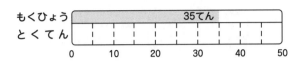

⑨ お話を書きとめよう

もくひょう					35てん					
とくてん										

0　10　20　30　40　50

左の　ページの　お話を　このページに　清書します。
できるだけ　漢字を　使って　書きましょう。
行をかえる　ところは　1字　下げて　書きはじめましょう。

（もくひょうじかん　8〜9分）

せいしょ

「どんなゆめを見るの」

57

● おうちの方へ
　左ききのお子さんは、下書きと清書のページを逆にして使うと便利です。

聞こえてくる　お話を　すべて　書きとめましょう。
「、」や「。」、行をかえる　ところも　言います。
字を　まちがえた　ときは　×をして　書きなおしましょう。
消しゴムは　使いません。

したがき

「よごれた水はどこへ行くの」

もくひょう ⬚⬚⬚⬚⬚⬚⬚ 35てん ⬚⬚⬚⬚⬚
とくてん ｜ ｜ ｜ ｜ ｜ ｜ ｜ ｜ ｜ ｜
0　10　20　30　40　50

左の　ページの　お話を　このページに　清書します。

できるだけ　漢字を　使って　書きましょう。

行をかえる　ところは　1字　下げて　書きはじめましょう。

（もくひょうじかん　8〜9分）

せいしょ

「よごれた水はどこへ行くの」

がつ　　　　にち

3-46

● おうちの方へ
　左ききのお子さんは、下書きと清書のページを逆にして使うと便利です。

聞こえてくる　お話を　すべて　書きとめましょう。

「 、」や「 。」、行をかえる　ところも　言います。

字を　まちがえた　ときは　×をして　書きなおしましょう。

消しゴムは　使いません。

したがき

「電車のタイヤは何でできているの」

もくひょう　35てん
とくてん
0　10　20　30　40　50

左の　ページの　お話を　このページに　清書します。
できるだけ　漢字を　使って　書きましょう。
行をかえる　ところは　1字　下げて　書きはじめましょう。

（もくひょうじかん　8〜9分）

せいしょ

「電車のタイヤは何でできているの」

61

10 お話をおぼえよう

がつ　　　にち

1
3-47

もくひょう　6てん
とくてん
0　　2　　4　　6　　8　　10

これから　お話を　します。
その　お話を　おぼえて　しつもんに　答えましょう。

（もくひょうじかん　1もん　20〜30秒）

①

②

③

④

⑤

がつ　　　にち

2

3-48

これから　お話を　します。

その　お話を　おぼえて　しつもんに　答えましょう。

（もくひょうじかん　1もん　20〜30秒）

①

②

③

④

⑤

がつ　　　　にち

3-49

もくひょう　　　　　　　6てん
とくてん

0　　2　　4　　6　　8　　10

これから　お話を　します。その　お話を　聞きながら、大事な
ところを　メモしましょう。
お話の　あとに　しつもんを　しますので、自分の　メモを　見な
がら　答えましょう。

（もくひょうじかん　1もん　20〜30秒）

メモ

①

②

③

④

⑤

2

3-50

もくひょう　6てん
とくてん
0　2　4　6　8　10

これから　お話を　します。その　お話を　聞きながら、大事な
ところを　メモしましょう。

お話の　あとに　しつもんを　しますので、自分の　メモを　見な
がら　答えましょう。

（もくひょうじかん　1もん　20〜30秒）

| メモ |

----

①

②

③

④

⑤

がつ　　　にち

3-51

もくひょう　　　　　　　　　　6てん
とくてん
0　　2　　4　　6　　8　　10

これから　お話を　します。その　お話を　聞きながら、大事な
ところを　メモしましょう。

お話の　あとに　しつもんを　しますので、自分の　メモを　見な
がら　答えましょう。

（もくひょうじかん　1もん　20〜30秒）

メモ

①

②

③

④

⑤

66

もくひょう　6てん
とくてん

0　2　4　6　8　10

これから　お話を　します。その　お話を　聞きながら、大事な
ところを　メモしましょう。
お話の　あとに　しつもんを　しますので、自分の　メモを　見な
がら　答えましょう。

（もくひょうじかん　1もん　20〜30秒）

メモ

①

②

③

④

⑤

3-53

もくひょう　　　　　　6てん
とくてん
0　　2　　4　　6　　8　　10

これから　お話を　します。その　お話を　聞きながら、大事な
ところを　メモしましょう。
お話の　あとに　しつもんを　しますので、自分の　メモを　見な
がら　答えましょう。

（もくひょうじかん　1もん　20〜30秒）

メモ

①

②

③

④

⑤

6

3-54

これから　お話を　します。その　お話を　聞きながら、大事な

ところを　メモしましょう。

お話の　あとに　しつもんを　しますので、自分の　メモを　見な

がら　答えましょう。

（もくひょうじかん　1もん　20〜30秒）

メモ

①

②

③

④

⑤

がつ　　　にち

7

3-55

もくひょう　6てん
とくてん
0　　2　　4　　6　　8　　10

これから　お話を　します。その　お話を　聞きながら、大事な
ところを　メモしましょう。
お話の　あとに　しつもんを　しますので、自分の　メモを　見な
がら　答えましょう。

（もくひょうじかん　1もん　20〜30秒）

メモ

①

②

③

④

⑤

8

3-56

これから　お話を　します。その　お話を　聞きながら、大事な
ところを　メモしましょう。
お話の　あとに　しつもんを　しますので、自分の　メモを　見な
がら　答えましょう。

（もくひょうじかん　1もん　20〜30秒）

メモ

----

①

②

③

④

⑤

もくひょう			6てん			
とくてん						

0　　2　　4　　6　　8　　10　　12

これから　やさしい　算数の　もんだいを　言います。
1もん　ごとに　式と　答えを　書きましょう。
もんだいを　言っている　ときは　鉛筆を　持たないで　ください。

（もくひょうじかん　1もん　20秒〜1分）

① 式

　　　答え

② 式

　　　答え

③ 式

　　　答え

④ 式

　　　答え

⑤ 式

　　　答え

⑥ 式

　　　答え

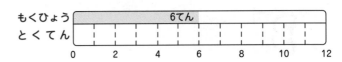

2

3-58

もくひょう　　　　　　　　6てん
とくてん
0　　2　　4　　6　　8　　10　　12

これから　やさしい　算数の　もんだいを　言います。
1もん　ごとに　式と　答えを　書きましょう。
もんだいを　言っている　ときは　鉛筆を　持たないで　ください。

（もくひょうじかん　1もん　20秒〜1分）

⑦　式

　　　　　　　　　　　　　　　　　　答え

⑧　式

　　　　　　　　　　　　　　　　　　答え

⑨　式

　　　　　　　　　　　　　　　　　　答え

⑩　式

　　　　　　　　　　　　　　　　　　答え

⑪　式

　　　　　　　　　　　　　　　　　　答え

⑫　式

　　　　　　　　　　　　　　　　　　答え

3-59

もくひょう　　　　　　　6てん
とくてん
0　2　4　6　8　10　12

これから　やさしい　算数(さんすう)の　もんだいを　言(い)います。
1もん　ごとに　式(しき)と　答(こた)えを　書(か)きましょう。
もんだいを　言(い)っている　ときは　鉛筆(えんぴつ)を　持(も)たないで　ください。

（もくひょうじかん　1もん　20秒(びょう)～1分(ふん)）

⑬ 式(しき)
　　　　　　　　　　　　　　　　　　答(こた)え

⑭ 式(しき)
　　　　　　　　　　　　　　　　　　答(こた)え

⑮ 式(しき)
　　　　　　　　　　　　　　　　　　答(こた)え

⑯ 式(しき)
　　　　　　　　　　　　　　　　　　答(こた)え

⑰ 式(しき)
　　　　　　　　　　　　　　　　　　答(こた)え

⑱ 式(しき)
　　　　　　　　　　　　　　　　　　答(こた)え

4

3-60

もくひょう　　　　　6てん
とくてん
0　　2　　4　　6　　8　　10　　12

これから　やさしい　算数の　もんだいを　言います。
1もん　ごとに　式と　答えを　書きましょう。
もんだいを　言っている　ときは　鉛筆を　持たないで　ください。

（もくひょうじかん　1もん　20秒〜1分）

⑲　式

　　　　　　　答え

⑳　式

　　　　　　　答え

㉑　式

　　　　　　　答え

㉒　式

　　　　　　　答え

㉓　式

　　　　　　　答え

㉔　式

　　　　　　　答え

がつ　　　にち

5

3-61

これから　やさしい　算数の　もんだいを　言います。

1もん　ごとに　式と　答えを　書きましょう。

もんだいを　言っている　ときは　鉛筆を　持たないで　ください。

（もくひょうじかん　1もん　20秒〜1分）

㉕ 式

答え

㉖ 式

答え

㉗ 式

答え

㉘ 式

答え

㉙ 式

答え

㉚ 式

答え

3-62

もくひょう　6てん
とくてん
0　2　4　6　8　10　12

これから　やさしい　算数（さんすう）の　もんだいを　言（い）います。
1もん　ごとに　式（しき）と　答（こた）えを　書（か）きましょう。
もんだいを　言（い）っている　ときは　鉛筆（えんぴつ）を　持（も）たないで　ください。

（もくひょうじかん　1もん　20秒（びょう）～1分（ふん））

㉛ 式（しき）

答（こた）え

㉜ 式（しき）

答（こた）え

㉝ 式（しき）

答（こた）え

㉞ 式（しき）

答（こた）え

㉟ 式（しき）

答（こた）え

㊱ 式（しき）

答（こた）え

メモ

メモ